Lösungen zu

Wirtschaft heute

Wirtschaftskunde / Wirtschaftskompetenz
für berufliche Schulen

von

Dr. Bernd Crone
Reiner Kühn
Martin Lay

Dr. Felix Büchner – Handwerk und Technik • Hamburg

Dieses Lösungsheft bezieht sich auf das gleichnamige Lehrbuch mit der Bestell-Nr. **4971** (passend ab der 13. Auflage).

ISBN 978-3-582-**49711**-6 XVII/ ab der 13. Auflage

Das Werk und seine Teile sind urheberrechtlich geschützt. Jede Nutzung in anderen als den gesetzlich oder durch bundesweite Vereinbarungen zugelassenen Fällen bedarf der vorherigen schriftlichen Einwilligung des Verlages.
Die Verweise auf Internetadressen und -dateien beziehen sich auf deren Zustand und Inhalt zum Zeitpunkt der Drucklegung des Werks. Der Verlag übernimmt keinerlei Gewähr und Haftung für deren Aktualität oder Inhalt noch für den Inhalt von mit ihnen verlinkten weiteren Internetseiten.
Verlag Dr. Felix Büchner – Handwerk und Technik GmbH,
Lademannbogen 135, 22339 Hamburg; Postfach 63 05 00, 22331 Hamburg – 2014
E-Mail: info@handwerk-technik.de – Internet: www.handwerk-technik.de
Satz: L101 Mediengestaltung, 10551 Berlin
Druck: Hans Steffens Graphischer Betrieb GmbH, 22339 Hamburg

Inhaltsverzeichnis

Kapitel	Seite im Lösungsheft

1 Berufsausbildung und Arbeitswelt 5
1.1 Formen der Berufsausbildung 5
1.2 Berufsausbildungsvertrag 6
1.3 Lebenslanges Lernen 7
1.4 Schutzvorschriften in der Arbeitswelt 7
1.5 Sozialversicherungen 8
1.6 Private Zusatzversicherungen 10
HOT – Handlungsorientierte Themenbearbeitung Kapitel 1 12

2 Grundlagen des Vertragsrechts 13
2.1 Rechts- und Geschäftsfähigkeit 13
2.2 Rechtsgeschäfte 14
2.3 Kaufvertrag 15
2.4 Störungen bei der Erfüllung von Kaufverträgen 16
2.5 Verjährung 16
2.6 Haftung und Schadenersatz 17
HOT – Handlungsorientierte Themenbearbeitung Kapitel 2 19

3 Verbraucherbewusstes Verhalten 20
3.1 Verbraucherberatung 20
3.2 Warenkennzeichnung 22
3.3 Verbraucherschutzgesetze 24
3.4 Folgen von Zahlungsverzug 25
HOT – Handlungsorientierte Themenbearbeitung Kapitel 3 26

4 Der Umgang mit Geld 27
4.1 Zahlungsmöglichkeiten 27
4.2 Kaufkraftschwankungen 29
4.3 Das europäische Währungssystem 31
4.4 Der Außenwert des Geldes 32
4.5 Sparen und Sparförderung 34
4.6 Verbraucherdarlehen 36
HOT – Handlungsorientierte Themenbearbeitung Kapitel 4 38

5 Grundlagen des Arbeitsrechts 40
5.1 Einzelarbeitsvertrag 40
5.2 Tarifverträge 41
5.3 Betriebsvereinbarung 42
5.4 Interessenvertretung der Arbeitnehmer 42
5.5 Arbeitsgericht 44
HOT – Handlungsorientierte Themenbearbeitung Kapitel 5 44

Kapitel	Seite im Lösungsheft

6 Entlohnung der Arbeit 47
6.1 Lohnformen 47
6.2 Gerechte Entlohnung 48
6.3 Grundzüge der Lohnabrechnung 50
6.4 Wirtschaftliche Aspekte der Entlohnung 52
HOT – Handlungsorientierte Themenbearbeitung Kapitel 6 53

7 Soziale Marktwirtschaft 55
7.1 Markt als Koordinator von Angebot und Nachfrage 55
7.2 Wettbewerbsstörungen 56
7.3 Bedeutung des Staates in der sozialen Marktwirtschaft 58
7.4 Bruttoinlandsprodukt (BIP) als wirtschaftliche Messgröße 59
7.5 Probleme der sozialen Marktwirtschaft 61
7.6 Finanzierung der staatlichen Aufgaben 63
HOT – Handlungsorientierte Themenbearbeitung Kapitel 7 65

8 Simulation einer Unternehmensgründung 67
8.1 Unternehmensziele 67
8.2 Standort und Gründung eines Unternehmens 68
8.3 Wahl der Rechtsform eines Unternehmens 69
8.4 Finanzierung 70
8.5 Betriebliche Kosten 72
8.6 Marketing 73
HOT – Handlungsorientierte Themenbearbeitung Kapitel 8 74

Kapitel 1: Berufsausbildung und Arbeitswelt

1.1 Formen der Berufsausbildung (Lehrbuch S. 11)

1 a) Das **duale System** vereint die praktische Ausbildung im Ausbildungsbetrieb mit der theoretischen Ausbildung in der Berufsschule.

b) Die **Vorteile** des dualen Systems sind:
- eine aktuelle Ausbildung, da technische Neuerungen im Betrieb schneller verwirklicht werden können als in der Schule.
- eine praxisorientierte Ausbildung, da der Auszubildende verschiedene Arbeitsabläufe kennenlernt und von den Erfahrungen seiner Kollegen profitiert.
- eine interessante Ausbildung, da sich Berufsschule und Betrieb abwechseln.
- die Möglichkeit, schon als Auszubildender die Situation eines Arbeitnehmers kennenzulernen.

Folgende **Nachteile** hat das duale System:
- Während die Ausbildung im Betrieb von der aktuellen Auftragslage abhängt, wird in der Schule nach festen Lehrplänen unterrichtet.
- Nicht in allen Betrieben ist die Ausstattung gleich, daher haben nicht alle Auszubildenden die gleichen Möglichkeiten.
- Der Ausbildungsbetrieb und die Berufsschule sprechen sich teilweise nicht genug über die Ausbildungsinhalte ab.
- Die für seltene Berufe eingerichteten Bezirks- und Landesfachklassen machen weite Schulwege oder Internatsaufenthalte notwendig.

2 a) Die Inhalte für den betrieblichen Teil der Ausbildung stehen im **Ausbildungsrahmenplan**.
b) Die für die Berufsschule zu unterrichtenden Inhalte sind im **Lehrplan** des jeweiligen Bundeslandes zu finden.

3 Während das **duale System** in Deutschland Jugendliche und junge Erwachsene anspricht, ist die Zielgruppe beim **modularen System** Großbritanniens größer: sie reicht vom Berufsschüler bis zum Fachhochschulabsolventen. In Großbritannien werden Fachkenntnisse vermittelt, die bei vielen verschiedenen Berufen Voraussetzung sind. Das geschieht durch den Erwerb von Teilqualifikationen, die aneinander gereiht werden. In Deutschland dagegen wird durch die Ausbildung im Betrieb und in der Schule eine Qualifikation für einen bestimmten Beruf erworben, verbunden mit Berufserfahrung.
Auch die Prüfungsanforderungen unterscheiden sich: Während in Großbritannien lediglich eine Begutachtung am Arbeitsplatz erfolgt, müssen Auszubildende in Deutschland eine schriftliche und eine praktische Abschlussprüfung bestehen.

4 In Deutschland gibt es folgende **vollschulische Ausbildungsgänge**:
- Berufsgrundbildungsjahr (BGJ),
- Berufsfachschulen (ein-, zwei- und dreijährig),
- Berufskolleg.

5 Die **berufliche Grundausbildung** vermittelt Grundwissen für ein ganzes Berufsfeld und bereitet auf eine Ausbildung vor.
Die **berufliche Vollausbildung** dagegen führt zu einem vollwertigen Berufsabschluss.

```
                           Mögliche Bildungswege
  Berufsabschluss      Fachhochschulreife      Hochschulreife
  Berufsschule   Fachschule   Berufskolleg   berufl. Gymn.
                     mittlerer Bildungsabschluss
                Berufsfachschule
  Hauptschule              Realschule            Gymnasium
                           Grundschule
```

1.2 Berufsausbildungsvertrag (Lehrbuch S. 17)

1 Der **Ausbildungsvertrag** kann schriftlich oder mündlich geschlossen werden. Der Ausbildende hat unverzüglich nach Vertragsschluss eine Niederschrift über die wesentlichen Vertragsinhalte anzufertigen, die vom Ausbildenden, dem Auszubildenden und bei Minderjährigen von deren gesetzlichen Vertretern zu unterschreiben ist.

2 In einem **Berufsausbildungsvertrag** müssen folgende Inhalte festgehalten sein:
- Art, sachliche und zeitliche Gliederung der Berufsausbildung sowie die Ziele,
- Beginn und Dauer der Ausbildung,
- Ausbildungsmaßnahmen außerhalb der Ausbildungsstätte,
- Dauer der regelmäßigen, täglichen Arbeitszeit,
- Dauer der Probezeit,
- Zahlung und Höhe der Ausbildungsvergütung,
- Dauer des Urlaubs,
- Kündigungsvoraussetzungen,
- Hinweis auf die Tarifverträge, Betriebs- oder Dienstvereinbarungen, die auf das Berufsausbildungsverhältnis anzuwenden sind.

3 a) Der **Ausbildende** ist verpflichtet, dem Auszubildenden die Fertigkeiten und Kenntnisse zu vermitteln, die zum Erreichen des Ausbildungsziels erforderlich sind. Hierfür muss er selbst ausbilden oder einen Ausbilder beauftragen. Dem Auszubildenden müssen Ausbildungsmittel wie z. B. Werkzeug kostenlos zur Verfügung gestellt werden. Der Ausbildende muss die Berufsausbildung planmäßig, zeitlich und sachlich gliedern und den Auszubildenden für Berufsschule oder Ausbildungsmaßnahmen außerhalb der Ausbildungsstätte und für Prüfungen freistellen. Der Ausbildende soll den Auszubildenden charakterlich fördern und ihm nur Aufgaben übertragen, die seinen körperlichen Kräften angemessen sind und die dem Ausbildungszweck dienen. Er muss dem Auszubildenden eine angemessene Vergütung, Pausen und den gesetzlich oder tariflich festgelegten Urlaub gewähren und bei Beendigung der Ausbildung ein Zeugnis ausstellen.

b) Der **Auszubildende** ist verpflichtet, die Berufsschule zu besuchen, zu lernen, an Ausbildungsmaßnahmen und Prüfungen teilzunehmen und – soweit im Rahmen der Ausbildung verlangt – ein Berichtsheft zu führen. Er muss die ihm übertragenen Aufgaben sorgfältig ausführen und alle Einrichtungen, Gegenstände und Maschinen des Betriebs pfleglich behandeln. Der Auszubildende soll die Betriebsordnung beachten und den Weisungen des Ausbilders folgen. Betriebs- und Geschäftsgeheimnisse muss der Auszubildende für sich behalten.

4 a) Die **Probezeit** dauert mindestens einen Monat und höchstens vier Monate.
b) Der **Auszubildende** kann in der Probezeit überprüfen, ob er den richtigen Beruf gewählt hat, während der **Ausbildende** feststellen kann, ob der neue Auszubildende seinen betrieblichen Zielen entspricht.

5 Der Auszubildende kann nicht kündigen, nur um mit seinem Freund in einem Betrieb zu arbeiten. Die **Kündigung des Vertrags** mit einer Frist von vier Wochen ist nur möglich, wenn man die Ausbildung in diesem Beruf nicht fortsetzen möchte. Hätte der Auszubildende einen wichtigen Grund, könnte er fristlos kündigen und seine Ausbildung in einem anderen Betrieb fortführen. Eine Aufhebung des Vertrags im gegenseitigen Einverständnis ist allerdings möglich.

6 Nach der Probezeit kann nur noch aus wichtigem Grund gekündigt werden, z. B. wenn der Auszubildende schweren Diebstahl oder Betrug verübt oder die Berufsschule wiederholt versäumt hat.

7 Zur Überwachung der praktischen Durchführung des **BBiG** werden Berufsbildungsausschüsse gebildet, die aus Vertretern der Arbeitgeber, der Arbeitnehmer und der öffentlichen Hand bestehen.

1.3 Lebenslanges Lernen (Lehrbuch S. 23)

1 Lebenslanges Lernen bedeutet, dass sich Lernen in jeder Phase eines Lebens auf den beruflichen, den gesellschaftlichen und den privaten Lebensbereich bezieht. Das lebenslange Lernen in all diesen Bereichen (sei es formales oder informelles Lernen) hat große Bedeutung für die Wirtschaft, die Gesellschaft und für die Zufriedenheit jedes einzelnen Menschen.

2 Fort- und Weiterbildungen erweitern die Kenntnisse und Fertigkeiten des Arbeitnehmers und schaffen so für ihn mehr Arbeitsplatzsicherheit und bessere Aufstiegschancen. Außerdem profitieren auch die Unternehmen: Indem sie in die Kompetenz, Leistungsfähigkeit, Arbeitszufriedenheit und Motivation ihrer Mitarbeiter investieren, tragen sie zu einer Steigerung der Wertschöpfung, zur Sicherung der Innovationsfähigkeit ihres Unternehmens und zur Bindung qualifizierter Mitarbeiter bei. Da der technische Fortschritt und der Stand der Wissenschaft immer weiter voranschreiten, sind Investitionen in die Weiterbildung der Mitarbeiter unabdingbar, wenn die Unternehmen gegenüber der Konkurrenz den Anschluss nicht verlieren wollen.

3 Neben persönlichen Gründen wie altersbedingter Umorientierung, falscher Berufswahl, gesundheitlichen Gründen, andauernder Arbeitslosigkeit oder Berufsunfähigkeit können auch die technische Neuorientierung eines Berufs, konjunkturelle Veränderungen oder neue Anforderungen an einen Beruf eine **Umschulung** notwendig machen.

4 a) Der Staat bietet finanzielle Förderung nach dem **Bundesausbildungsförderungsgesetz (BAföG)** und eine **Berufsausbildungsbeihilfe (BAB)** durch die Arbeitsförderung.
b) Der Staat will schlechte Berufsausbildungen und Arbeitslosigkeit abbauen bzw. verhindern. Die beruflichen Möglichkeiten der Arbeitnehmer sollen vergrößert werden und schwer vermittelbare Arbeitnehmer sollen mithilfe der **staatlichen Fördermaßnahmen** beruflich schneller und besser eingegliedert werden.

5 Die Auszubildenden sollen nicht nur speziell für ihren Beruf notwendige Fertigkeiten und Kenntnisse erlangen, sondern auch allgemeine Fähigkeiten, die für jede Berufstätigkeit wichtig sind. Diese allgemeinen Fähigkeiten nennt man **Schlüsselqualifikationen**. Sie können unterteilt werden in:
- **soziale Kompetenz** (z. B. Freundlichkeit, Teamfähigkeit, Konfliktfähigkeit, Toleranz ...),
- **methodisch-fachliche Kompetenz** (z. B. Sprachbeherrschung, Anwenden von Rechentechniken, Verständnis wirtschaftlicher Zusammenhänge, IT-Kenntnisse, Fremdsprachen ...),
- **personale Kompetenz** (z. B. Lern-/Leistungsbereitschaft, Zuverlässigkeit, Ausdauer, Sorgfalt, Kreativität, Selbstständigkeit ...).

1.4 Schutzvorschriften in der Arbeitswelt (Lehrbuch S. 31)

1 Arbeitsschutzgesetze dienen dazu, den Arbeitnehmer vor Gefahren (Arbeitsunfälle, Berufskrankheiten) am Arbeitsplatz zu schützen.

2 Das **Arbeitszeitgesetz (ArbZG)** regelt die Arbeitszeit für alle Arbeitnehmer über 18 Jahre, ausgenommen leitende Angestellte und Angestellte in der Luftfahrt und Binnenschifffahrt. Die wichtigsten Inhalte des ArbZG betreffen:
- die Arbeitszeit, die max. 8 Stunden an Werktagen im Durchschnitt betragen darf, also 48 Stunden/Woche.
- die Ruhepausen, die ab 6 Stunden Arbeitszeit/Tag mindestens 30 Minuten lang sein müssen.
- die Ruhezeit zwischen Feierabend und Arbeitsbeginn, die mindestens 11 Stunden betragen muss.
- die Nachtarbeit, die 8 Stunden nicht überschreiten darf.

3 a) Laut **Bundesurlaubsgesetz** stehen jedem Arbeitnehmer mind. 24 Werktage Urlaub pro Jahr zu.
  b) Der Urlaubsanspruch nach **Tarifvertrag** ist individuell geregelt, meist 30 Werktage.
  c) Laut **JArbSchG** stehen Jugendlichen unter 16 Jahren 30 Werktage Urlaub zu, unter 17 Jahren mind. 27 Werktage und unter 18 Jahren mind. 25 Werktage.

4 a) Das **Jugendarbeitsschutzgesetz (JArbSchG)** gilt für Personen unter 18 Jahren.
  b) Das JArbSchG ist notwendig zum Schutz junger Arbeitnehmer vor Arbeit, die zu schwer ist, zu früh beginnt, zu lange dauert, die sie gefährdet oder die ungeeignet ist.
  c) Ein Jugendlicher darf normalerweise am Tag höchstens 8 Stunden, in der Woche höchstens 40 Stunden arbeiten.
  d) Volljährige Auszubildende können am Tag des Berufsschulbesuchs noch im Betrieb beschäftigt werden, sofern der Berufsschulunterricht (bei Blockunterricht im Wochendurchschnitt) weniger als 5 Stunden beträgt.
  e) Zwischen Feierabend und Arbeitsbeginn am nächsten Tag müssen mindestens 12 Stunden liegen.
  f) Für Jugendliche sind Akkord- und Fließbandarbeit sowie Arbeit unter Tage verboten. Außerdem alle Arbeiten, die für sie gefährlich sein könnten, z. B. durch Überschreitung der Leistungsfähigkeit, durch Hitze, Kälte, Nässe und Lärm, Strahlen oder gefährliche Arbeitsstoffe. Ab einem Alter von 16 Jahren sind diese Arbeiten für Ausbildungszwecke erlaubt.
  g) Das JArbSchG wird von den Gewerbeaufsichtsämtern (bzw. Ämtern für Arbeitsschutz) überwacht.

5 Für jeden Elternteil besteht zur Betreuung und Erziehung seines Kindes bis zur Vollendung dessen dritten Lebensjahres gegenüber dem Arbeitgeber ein Anspruch auf **Elternzeit**. Während der Elternzeit ruhen die Hauptpflichten des Arbeitsverhältnisses (d. h. der Arbeitnehmer leistet in dieser Zeit keine Arbeit und bekommt auch keinen Lohn), während das Arbeitsverhältnis jedoch bestehen bleibt. Die Elternzeit kann, auch anteilig, von jedem Elternteil alleine oder von beiden gemeinsam genommen werden. Es besteht 6 Wochen vor und während der Elternzeit Kündigungsschutz. Während der Elternzeit ist eine Teilzeiterwerbstätigkeit von bis zu 30 Wochenstunden zulässig. Nach Ablauf der Elternzeit besteht ein Anspruch auf Rückkehr zur früheren Arbeitszeit und zu einer Beschäftigung gemäß der im Arbeitsvertrag getroffenen Vereinbarungen.

6 a) Menschen sind nach § 2 Abs. 2 SGB IX schwerbehindert, wenn bei ihnen ein Grad der Behinderung von mindestens 50 % vorliegt. Das **Sozialgesetzbuch IX** (SGB IX) bietet die Grundlage, um Benachteiligungen im Arbeitsalltag abzumildern und **Menschen mit Behinderung** voll in den Arbeitsprozess einzugliedern.
  b) Bei einem Betrieb mit mehr als 20 Angestellten müssen mindestens 5 % der Stellen durch Menschen mit schwerer Behinderung besetzt werden.
  c) Es gibt einen besonderen Kündigungsschutz, damit Menschen mit schwerer Behinderung aufgrund ihrer Behinderung nicht im Arbeitsleben benachteiligt werden.
  d) Menschen mit schwerer Behinderung steht ein Zusatzurlaub von 5 Arbeitstagen im Jahr zu, da sie aufgrund ihrer gesundheitlichen Situation unter Umständen mehr Erholung brauchen.

7 Die **Arbeitsschutzvorschriften** werden von den Berufsgenossenschaften und den Gewerbeaufsichtsämtern (z. T. Ämter für Arbeitsschutz genannt) überwacht. Die **Berufsgenossenschaften** sind für die Unfallverhütung zuständig, während die **Gewerbeaufsichtsämter** die Einhaltung des sozialen Arbeitsschutzes überprüfen.

1.5 Sozialversicherungen (Lehrbuch S. 43)

1 Die **soziale Sicherung** hat die Aufgabe, Arbeitnehmer vor finanziellen Notlagen durch Krankheit, Invalidität oder Alter zu schützen.

2 a) Die **Rentenversicherung** sichert Arbeitnehmern und ihren Familien eine finanzielle Unterstützung bei Erwerbsminderung, Alter und Tod. Sie zahlt Renten aus, informiert und berät Versicherte sowie Rentner und leistet Hilfe zur Rehabilitation.

b) Der Rentenversicherung müssen alle Auszubildenden, Arbeitnehmer, Personen mit Behinderung in anerkannten Werkstätten, Personen im Wehr- und Bundesfreiwilligendienst und selbstständigen Handwerker (mind. 216 Monate) beitreten.

c) Unter **Rehabilitation** versteht man die Wiedereingliederung des Arbeitnehmers nach einer Krankheit in das Arbeitsleben. Zur medizinischen Rehabilitation gehören diverse Therapien, ärztliche Behandlungen, Arznei- und Verbandsmittel sowie Krankengymnastik. Zur berufsfördernden Rehabilitation gehören u. a. Leistungen zur Erhaltung oder Erlangung eines Arbeitsplatzes, Berufsbildung, Ausbildung und Weiterbildung sowie Arbeits- und Berufsförderung in einer anerkannten Werkstatt für Menschen mit Behinderung.

d) **Rentenzahlungen** können in Anspruch genommen werden:
- bei Vollendung des 65. Lebensjahres bzw. des 67. Lebensjahres bei nach dem 31.12.1963 Geborenen (Regelaltersgrenze). Für Versicherte, die im Zeitraum zwischen dem 31.12.1946 und dem 31.12.1963 geboren sind, gilt eine Übergangsregelung, bei der die Regelaltersgrenze stufenweise erhöht wird.
- bei voller oder teilweiser Erwerbsminderung.
- von Arbeitslosen bei Vollendung des 60. Lebensjahres und mindestens 15 Versicherungsjahren[1].
- von Menschen mit Schwerbehinderung bei Vollendung des 60. Lebensjahres und mindestens 35 Versicherungsjahren.
- bei Vollendung des 63. Lebensjahres bei Beschäftigungsaufgabe und mindestens 35 Versicherungsjahren.
- von Frauen bei Vollendung des 60. Lebensjahres und mindestens 15 Versicherungsjahren und 10 Pflichtversicherungsjahren nach Vollendung des 40. Lebensjahres[1].
- von Hinterbliebenen (Witwen- oder Witwerrente, Waisenrente, Erziehungsrente).

[1] Gilt nur für vor dem 01.01.1952 Geborene.

3 a) Die **Krankenversicherung** verfolgt mit ihren Angeboten und Leistungen das Ziel, die Gesundheit der Versicherten zu erhalten, wiederherzustellen oder zu verbessern. Der Versicherte und seine Familie werden finanziell abgesichert, falls durch Krankheit, Mutterschaft oder Tod ein soziales Risiko eintritt.

b) Die Krankenversicherung übernimmt Kosten für Maßnahmen der Gesundheitsförderung und Früherkennung sowie Leistungen bei Krankheit, Schwangerschaft und Mutterschaft sowohl für den Versicherten wie auch für die Familie.

4 Die **Pflegeversicherung** ist in drei Stufen eingeteilt. Zur Pflegestufe I gehören Personen, die erheblich pflegebedürftig sind, d. h., es liegt wenigstens einmal täglich ein Hilfebedarf für zwei Verrichtungen vor. Schwerpflegebedürftige Personen gehören zur Pflegestufe II, sie benötigen mindestens dreimal täglich zu verschiedenen Zeiten Hilfe. Ist Hilfe rund um die Uhr nötig, handelt es sich um Pflegestufe III, man spricht von schwerstpflegebedürftigen Personen. Voraussetzung für alle Pflegestufen ist, dass mehrfach pro Woche Hilfe bei der hauswirtschaftlichen Versorgung (Putzen, Waschen, Kochen etc.) benötigt wird.

5 Die **Arbeitsförderung** (Arbeitslosenversicherung) hat sich zur Aufgabe gestellt, Arbeitslosigkeit zu verhindern oder Arbeitslose schnell wieder in das Arbeitsleben zurückzuführen, indem,
- Ausbildungs- und Arbeitssuchende über die Lage und Entwicklung des Arbeitsmarktes und der Berufe beraten werden,
- offene Stellen zügig vermittelt werden,
- die Möglichkeiten von benachteiligten Ausbildungs- und Arbeitssuchenden für die Erwerbstätigkeit verbessert werden und dadurch
- die Zeiten der Arbeitslosigkeit sowie des Bezuges von Arbeitslosengeld oder Teilarbeitslosengeld vermieden oder verkürzt werden.

6 a) Von der **aktiven Arbeitsförderung** werden Maßnahmen zur Beratung, Vermittlung und Verbesserung von Eingliederungsaussichten für Arbeitslose durchgeführt. Außerdem werden Eingliederungs- und Einstellungszuschüsse an Arbeitgeber geleistet sowie Berufsausbildungen, berufliche Weiterbildungen, die Aufnahme einer Beschäftigung oder Tätigkeit, die berufliche Eingliederung von Menschen mit Behinderung und Arbeitsbeschaffungsmaßnahmen gefördert.

b) Die **Geldersatzleistungen** umfassen die Zahlung von Arbeitslosengeld I und II, Teilarbeitslosengeld, Kurzarbeitergeld und Insolvenzgeld.

7 Alle Arbeiter, Angestellten und Auszubildenden sind in der **Arbeitslosenversicherung** pflichtversichert. Dazu zählen außerdem Wehr- und Zivildienstleistende, Jugendliche mit Behinderung, die in Berufsbildungswerken an einer berufsfördernden Maßnahme teilnehmen, sowie auch Personen, die Krankengeld, Verletztengeld oder Übergangsgeld beziehen. Beamte, Richter, Berufssoldaten, Arbeitnehmer ab Erreichen der Regelaltersgrenze oder solche, die wegen Erwerbsunfähigkeit Rente beziehen, sind nicht arbeitslosenversichert.

8 a) Durch die **gesetzliche Unfallversicherung** sollen Arbeitsunfälle und daraus resultierende Unfallschäden sowie Erkrankungen aufgrund gesundheitsschädlicher Arbeitsbedingungen gemindert oder beseitigt werden.
  b) Die Unfallversicherung zahlt bei Unfallschäden und Berufskrankheiten im Einzelnen die Heilbehandlung, Verletzungsgeld, berufsfördernde Leistungen zur Rehabilitation, Verletzungsrente, Abfindungen, aber auch Sterbegeld und Hinterbliebenenrente.

9 **Beitragslasten für 2014:**
  a) Der Beitrag zur **Rentenversicherung** beträgt 18,9 % des Bruttoarbeitslohns. Diesen Beitrag müssen Arbeitnehmer und Arbeitgeber je zur Hälfte bezahlen.
  b) Die Beitragslast zur **Krankenversicherung** beträgt für den Arbeitnehmer und den Arbeitgeber zusammen 15,5 % des Bruttoarbeitslohns. Arbeitgeber und Arbeitnehmer leisten jeweils 7,3 %, für den Arbeitnehmer gibt es zusätzlich noch einen Sonderaufschlag von 0,9 % zur Finanzierung von Zahnersatz (insgesamt also 8,2 %).
  c) Der Beitragssatz zur **Pflegeversicherung** beträgt 2,05 %, die mit 1,025 % jeweils zur Hälfte von Arbeitnehmer und Arbeitgeber zu tragen sind. (Ausnahme: In Sachsen trägt der Arbeitnehmer 1,525 % und der Arbeitgeber 0,525 %.) Kinderlose Arbeitnehmer über 23 Jahre zahlen einen Aufschlag von 0,25 % (insgesamt also 1,275 %). Eine Erhöhung des Beitragssatzes ist bis spätestens 01.01.2015 vorgesehen.
  d) Für die **Arbeitslosenversicherung** müssen Arbeitgeber und -nehmer je 1,5 % des Bruttogehalts bezahlen.
  e) Die Beiträge zur **Unfallversicherung** zahlt der Arbeitgeber. Die Höhe hängt vom Arbeitsverdienst des Versicherten und von der Unfallgefahr des jeweiligen Unternehmens ab.

10 Wenn Sie keine **Berufsausbildungsbeihilfe (BAB)** von der Bundesagentur für Arbeit erhalten, obwohl ihnen diese zusteht, können Sie dort (innerhalb eines Monats nach Zugang des abschlägigen Bescheids) Widerspruch einlegen. Wird der Widerspruch abgelehnt, können Sie innerhalb eines Monats beim Sozialgericht (erste Instanz) klagen. Sofern Sie mit dem Urteil des Sozialgerichts nicht zufrieden sind, können Sie Berufung einlegen. Die Klage wird dann in zweiter Instanz vor dem Landessozialgericht behandelt. Auch hier können Sie innerhalb von sechs Wochen Revision einlegen. Anschließend kommt das Verfahren vor das Bundessozialgericht. Das in der dritten Instanz gefällte Urteil kann nicht mehr angefochten werden.

1.6 Private Zusatzversicherungen (Lehrbuch S. 49)

1 Während die Sozialversicherungen den Versicherten überwiegend im Berufsleben absichern, decken **private Zusatzversicherungen** Risiken im privaten Bereich ab oder übernehmen Risiken, die die Sozialversicherungen nicht abdecken.

2 Es bieten sich die **Versicherungsberater** an, da diese durch den Klient (Kunden), der beraten werden will, bezahlt werden und keine wirtschaftlichen Vorteile (Geld) von Versicherungsunternehmen erhalten dürfen.

3 In diesem Fall leistet die **Berufsunfähigkeitsversicherung**.

4 Sollte dauerhafte Invalidität als Folge eines privaten Unfalls zurückbleiben und dadurch Kosten z. B. für einen Wohnungsumbau entstehen, leistet die **private Unfallversicherung** eine einmalige Zahlung oder Rentenzahlungen. Sie sichert somit die finanziellen Folgen einer dauerhaften Beeinträchtigung ab.

5 Unter der „**Riester-Rente**" versteht man die durch den Staat geförderte kapitaldeckende Zusatzrente. Sie ist, ähnlich wie die Rürup-Rente, als Ergänzung zur bisherigen privaten Rentenversicherung zu verstehen. Anspruch auf die Riester-Rente haben alle, die Pflichtbeiträge zur gesetzlichen Rentenversicherung zahlen.

Gefördert werden:
- Sparanlagen, aus denen vom 60. Lebensjahr oder vom Beginn der Altersrente an eine lebenslange monatliche Rente fließt,
- Auszahlungen aus Bank- und Fondsguthaben, wenn sie vom Beginn der Altersrente an mit einer Rentenversicherung verbunden sind,
- Betriebsrenten in Form von Direktversicherungen,
- Pensionskassen und Pensionsfonds.

Die Förderung besteht entweder aus einer Grundzulage für Erwachsene und ggf. einer Kinderzulage oder einem steuerlichen Sonderausgabenabzug in der Einkommensteuererklärung. Der Sparer zahlt in seinen Altersvorsorgevertrag nur seine Eigenbeiträge ein. Die staatliche Zulage wird auf seinen Antrag hin von der Deutschen Rentenversicherung auf den Vorsorgevertrag gutgeschrieben. Der Aufbau der Zusatzrente erfolgt aus unversteuertem Einkommen. Die späteren Auszahlungen unterliegen deshalb der Einkommensteuer.

Unter der „**Rürup-Rente**" versteht man eine über Steuervorteile geförderte Rente. Die angesparten Beiträge müssen der Altersvorsorge gelten, d. h., sie müssen nach Vollendung des 60. Lebensjahres als monatliche Zahlung an den Versicherten ausgezahlt werden.

6 Ja, denn der Arbeitgeber ist verpflichtet, auf Wunsch des Arbeitnehmers eine **betriebliche Altersvorsorgeform** (nach seiner Wahl) anzubieten.

7 Bei einem Einbruch haftet die **Hausratversicherung** für die entstandenen Schäden.

8 Die **Privathaftpflichtversicherung** zahlt bei Schadensfällen aufgrund von Unachtsamkeit, die im Leben täglich geschehen können. Schnell können große Schadenssummen entstehen, für die der Verursacher mit seinem Vermögen unbegrenzt haftet. Dieses alltägliche Risiko sollte wirklich jeder absichern.

9 Manche **Versicherungen** sind nicht existenzbedrohend, zahlen nur in Ausnahmefällen oder die Risiken werden bereits durch bestehende Versicherungen abgedeckt. Deshalb sollten z. B. Handy-, Kfz-Insassenunfall-, Krankenhaustagegeld-, Reisegepäck- oder Ausbildungsversicherungen gut überlegt werden.

10 Während die **Sozialversicherung** jedem Arbeitnehmer staatlich vorgeschrieben ist, werden **Individualversicherungen** auf freiwilliger Basis abgeschlossen. Bei den Sozialversicherungen sind der Arbeitnehmer und dessen Familie versichert, bei den Individualversicherungen kann man den Versicherten frei bestimmen. Die Beiträge zur Sozialversicherung hängen vom Einkommen des Versicherten ab, während die Beiträge der Individualversicherung sich nach dem Risiko richten.

11 Bei der **Berufsunfähigkeitsversicherung** werden je nach Versicherungsanbieter unterschiedlich viele **Berufsgruppen** unterschieden. Je höher die Berufsgruppe, desto teurer wird die Versicherung. Im Folgenden ein Beispiel für eine mögliche Einteilung in fünf Berufsgruppen:
- **Berufsgruppe 1**: Hochqualifizierte Tätigkeiten mit unterdurchschnittlichem Unfallrisiko, die fast ausschließlich in Büro/Praxis/Kanzlei o. Ä. stattfinden, z. B. Anwalt, Architekt, Betriebswirt, Bibliothekar, Hochschullehrer, Notar, Wirtschaftsprüfer.
- **Berufsgruppe 2**: Kaufmännische, administrative oder vergleichbare Berufe mit überwiegend sitzenden Tätigkeiten und/oder einem geringen Anteil an körperlicher Arbeit, z. B. Anwaltsgehilfe, Bankkaufmann, Buchhändler, Chemiker, Geschäftsführer, Sekretär, Techniker, Verwaltungsbeamter.
- **Berufsgruppe 3**: Berufe mit leichter körperlicher Beanspruchung und einem leicht erhöhten Unfallrisiko, einschl. handwerkliche Berufe mit einem geringen Grad an körperlicher Tätigkeit, z. B. Augenoptiker, Außendienstmitarbeiter, Bademeister, Friseur, Journalist, Lehrer, Verkäufer, Vertreter.
- **Berufsgruppe 4**: Handwerkliche und vergleichbare Berufe mit überwiegend körperlichen Tätigkeiten, die das Heben/Tragen oder eine Zwangshaltung beinhalten und/oder eine erhöhte Unfallgefahr bergen, z. B. Anlagemechaniker, Bäcker, Bauarbeiter, Dachdecker, Krankenpfleger, Maurer, Polizist, Schmied, Schreiner.
- **Berufsgruppe 5**: Berufe mit sehr starker körperlicher Beanspruchung und/oder stark erhöhter Unfallgefährdung, z. B. Feuerwehrmann, Fluglotse, Gerichtsvollzieher, Holzfäller, Sprengmeister, Straßenbauarbeiter, Taucher.

HOT – Handlungsorientierte Themenbearbeitung Kapitel 1 (Lehrbuch S. 50)

1 a) Die Schüler in diesem Ausbildungsabschnitt müssten alle einen eigenen **Ausbildungsvertrag** für einen anerkannten Ausbildungsberuf vorliegen haben. Dem Ausbildungsvertrag liegt die Ausbildungsverordnung zugrunde, die nach § 5 BBiG Mindestbestimmungen enthalten muss. Die Firmen erlassen aufgrund des Ausbildungsrahmenplans einen eigenen **Ausbildungsplan** (sie sollten!). Informationen zu diesem Punkt können somit aus den entsprechenden Unterlagen, die zum Teil (in Auszügen) dem Ausbildungsvertrag beigefügt sind, entnommen werden.

b) Die **IHK** bzw. die **HWK** kann Auskunft über den jeweiligen Beruf erteilen, darüber welche Firmen den Ausbildungsberuf anbieten und wie viele Auszubildende zurzeit in diesem Beruf ausgebildet werden. *Umsetzung erfolgt individuell.*

c) Der Unterricht an den Schulen erfolgt nach **Lehrplänen**. Im Vorwort zu jedem Lehrplan stehen in der Regel die Bildungsziele, die erreicht werden sollen. Außerdem ist in den **Stundentafeln** festgelegt, welche Fächer wie viele Wochenstunden unterrichtet werden. *Individuell zu beantworten.*

d) Dem persönlichen **Ausbildungsvertrag** können unmittelbar die wichtigsten Inhalte entnommen werden. *Individuell zu beantworten.*

e) Zur **Dauer und Beendigung eines Berufsausbildungsverhältnisses** müssen im Ausbildungsvertrag folgende Regelungen enthalten sein:
- Beginn und Dauer der Berufsausbildung,
- Aufteilung der Ausbildungszeit (sachliche/zeitliche Gliederung),
- Dauer der Probezeit,
- Urlaubsdauer,
- Voraussetzungen für eine Kündigung.

f) *Individuell zu beantworten.*

g) Hinweise zu möglichen **Unfallgefahren** sind zum Teil unmittelbar am Arbeitsplatz angebracht. Darüber hinaus müssen aber auch die Vorschriften der Berufsgenossenschaften bzw. der sonstigen Unfallversicherungsträger zur Kenntnis genommen und beachtet werden. *Individuell zu beantworten.*

h) Hier ist vor allem das **Jugendarbeitsschutzgesetz** zu beachten mit den wichtigsten Paragrafen (vgl. Lehrbuch S. 27). Für Auszubildende über 18 Jahre gelten die Regelungen des **Arbeitszeit- und Bundesurlaubsgesetzes** (vgl. Lehrbuch S. 25–26).

i) Die **Fortbildungsmöglichkeiten und Aufstiegschancen** sind je nach Branche und Berufsausbildung sehr unterschiedlich. Auch Auszubildende sollten sich von vornherein über ihre Möglichkeiten informieren. Als Informationsquellen kommen Arbeitskollegen, Berufsberater bei der Bundesagentur für Arbeit, Kammern und Gewerkschaften, aber auch Berufsschullehrer infrage. *Individuell zu beantworten.*

j) Die **Umfrage** kann in Form eines Fragebogens vorgenommen werden. Zur Erstellung eines entsprechenden Fragebogens sowie für die Auswertung (eventuell mit einem Kalkulationsprogramm) bietet sich Gruppenarbeit an. Die Frage, was unter dem „Image" eines Berufs zu verstehen ist, dürfte eine breite Diskussion anregen. *Umsetzung erfolgt individuell.*

k) Dieser Punkt kann entweder **mit der vorherigen Aufgabe verknüpft** werden oder es wird eine **mündliche Befragung** vorgenommen, wobei auch jeweils nach den Gründen der Zufriedenheit oder des Missfallens geforscht werden kann. *Umsetzung erfolgt individuell.*

l) Beispiel für die **gesetzliche Sozialversicherung**: Ein Auszubildender ist gesetzlich krankenversichert und muss dafür 8,2 % (= 7,3 % + 0,9 % Sonderbeitrag) seines Bruttolohns zahlen. Er ist rentenversichert (Beitrag beträgt 18,9 %), pflegeversichert (Beitrag beträgt 2,05 %, solange er unter 23 Jahren ist) und arbeitslosenversichert (Beitrag 3,0 %), wovon er aber nur jeweils den halben Satz zahlen muss – der Arbeitgeber zahlt die andere Hälfte. Bei der Unfallversicherung zahlt der Arbeitgeber 100 % des Beitragssatzes.

m) In diesem Fall tritt die gesetzliche **Krankenkasse** ein. Folgende **Leistungen** können in Anspruch genommen werden: Krankenhilfe in Form von Krankenpflege (ärztliche Behandlung, Arzneien, Bandagen usw.), Krankenhauspflege und Krankengeld in Form der Lohnfortzahlung für max. sechs Wochen.

n) In diesem Fall tritt die **Unfallversicherung** ein, das heißt es werden die Kosten für die Heilbehandlung (ärztliche Behandlung, Arzneien, Bandagen usw.) und Verletztengeld gezahlt.

2 a) Die **Probezeit** für Auszubildende beträgt ein bis vier Monate (§ 20 BBiG).
b) Die **Vergütung** für den laufenden Kalendermonat ist spätestens am letzten Arbeitstag des Monats zu zahlen (§ 18 BBiG). Eine frühere Zahlung ist selbstverständlich möglich.
c) Der Chef muss den **Lohn** laut § 19 (1) 1 in Verbindung mit § 15 BBiG für die Zeit der **Freistellung** zahlen.
d) Wäre Sinan noch 17 Jahre alt, hätte er gemäß JArbSchG einen gesetzlichen Anspruch auf 25 Werktage **Urlaub** im Jahr. Da er aber vor Kurzem 18 Jahre alt geworden ist, hat er theoretisch nur noch einen Anspruch auf mindestens 24 Werktage Urlaub, hier gilt das BUrlG.
e) Wäre Sinan noch unter 18 Jahre alt, müsste er sich nach § 32 JArbSchG einer **Generaluntersuchung** unterziehen. Da er aber bereits volljährig ist, bedarf es keiner ärztlichen Untersuchung.
f) Wäre Sinan noch unter 18 Jahre alt, dürfte er nach § 8 JArbSchG nicht mehr als 40 Stunden pro Woche arbeiten. In diesem Fall wäre es also sinnvoll, ihm in der betreffenden Woche **an anderer Stelle** sechs Stunden **Freizeit** einzuräumen, damit er am Samstag dabei sein kann. Da Sinan schon 18 Jahre alt ist, gilt § 3 ArbZG (siehe Lehrbuch S. 25), das heißt es muss über sechs Monate ein Ausgleich gefunden werden, damit die Durchschnittsgrenze von acht Stunden werktäglich nicht überschritten wird.

Kapitel 2: Grundlagen des Vertragsrechts

2.1 Rechts- und Geschäftsfähigkeit (Lehrbuch S. 55)

1 Für das menschliche Zusammenleben sind **Rechtsregeln** notwendig, damit alle Menschen gleiche Rechte und Pflichten haben. Ohne Regeln würden die persönlichen Freiheiten vieler Menschen eingeschränkt, während einige wenige privilegiert wären.

2 a) **Rechtsfähigkeit** bezeichnet die Fähigkeit, Träger von Rechten und Pflichten zu sein.
Geschäftsfähigkeit bezeichnet die Fähigkeit von Personen, rechtswirksame Willenserklärungen abzugeben und Rechtsgeschäfte (z. B. Kaufvertrag) zu tätigen.
b) Die Rechtsfähigkeit von natürlichen Personen beginnt mit der Geburt und endet mit dem Tod.
Die Rechtsfähigkeit von juristischen Personen beginnt mit der Eintragung und endet mit der Löschung in das jeweilige Register.
c) Kinder bzw. Jugendliche sollen entsprechend ihrem Alter und ihrer Persönlichkeitsentwicklung auch rechtlich behandelt werden. Bezogen auf ihre **Geschäftsfähigkeit** heißt das, dass sie die Folgen ihrer Entscheidungen bis zu Beginn des 7. Lebensjahrs gar nicht überblicken können, zwischen dem 7. und dem 18. Lebensjahr nur teilweise.
d) **Stufen der Geschäftsfähigkeit**: geschäftsfähig, beschränkt geschäftsfähig, voll geschäftsfähig.

3 a) Rechtsgeschäfte mit **beschränkt geschäftsfähigen** Personen nennt man „schwebend unwirksam", d. h. sie bedürfen der Zustimmung des gesetzlichen Vertreters.
b) Rechtsgeschäfte, die beschränkt Geschäftsfähigen **nur rechtliche Vorteile** bringen (z. B. ein Geldgeschenk ohne Anspruch auf Gegenleistung), bedürfen nicht der Genehmigung des gesetzlichen Vertreters.

4 Ein 6-jähriges Mädchen ist **geschäftsunfähig**, d. h. alle Rechtsgeschäfte, die Lilli abschließt, sind nichtig.

5 Der 16-jährige Kilian darf sich mit seiner ihm zur freien Verfügung stehenden Ausbildungsvergütung das Smartphone kaufen, ohne vorher seine Eltern gefragt zu haben, wenn der Preis vom Taschengeld bezahlt wurde und er keinen Vertrag abgeschlossen hat.

6 Es handelt sich bei dieser Entscheidung um einen normalen Kaufvertrag. Es liegt kein rechtlicher Vorteil vor, denn Simon muss den Preis als Gegenleistung zahlen.

7 Dieser Vertrag ist wirksam, da der Zeitpunkt der Unterschrift unter den Vertrag maßgeblich ist.

8 Auch dieser Vertrag ist gültig. Lea muss sich als voll geschäftsfähige Person über die Konsequenzen ihrer Vertragsunterzeichnung im Klaren sein.

2.2 Rechtsgeschäfte (Lehrbuch S. 59)

1 **Willenserklärungen** können ausdrücklich geäußert werden, d. h. mündlich oder schriftlich, durch bloßes Handeln oder durch Schweigen.

2 • Schriftform (z. B. Ausbildungsvertrag)
   • öffentliche Beglaubigungen (z. B. Grundschuldbestellung)
   • notarielle Beurkundung (z. B. Kauf eines Grundstücks)
   Werden diese **Formvorschriften** nicht eingehalten, so kommt kein gültiges Geschäft zustande.

3 Bei der **öffentlichen Beglaubigung** bestätigt ein Notar die Echtheit eines Schriftstücks.
   Bei der **notariellen Beurkundung** muss der Notar das Schriftstück selbst in bestimmter Art verfassen.

4 Beispiel:

> Sehr geehrter Herr Maier,
>
> ich möchte Ihnen mitteilen, dass ich mein möbliertes Zimmer fristgemäß zum 29. Mai 20XX. kündige.
>
> Stuttgart, den 15. Mai 20XX
>
> *Unterschrift*

5 • Die dargestellte **Kündigung** ist nicht gültig, da sie schriftlich erfolgen muss. Der Arbeitnehmer muss also eine schriftliche Kündigung nachreichen, um rechtswirksam aus dem Arbeitsverhältnis auszuscheiden.
   • Das **Testament** muss vollständig eigenhändig und handschriftlich formuliert und unterschrieben werden (privates Testament). Alternativ ist auch ein öffentliches oder notarielles Testament möglich, das von einem Notar beurkundet wird. Eine mündliche Aussage auf dem Sterbebett ist nicht rechtswirksam.
   • Der dargestellte **Buchkauf** ist rechtswirksam.
   • Der dargestellte **Hauskauf** ist rechtswirksam.

6 Ein **einseitiges Rechtsgeschäft** bedarf nur einer Willenserklärung. Es ist rechtsgültig,
   • wenn der Empfang bestätigt ist (Kündigung),
   • wenn die Willenserklärung nur abgegeben wurde (Testament).
   Ein **zweiseitiges Rechtsgeschäft** bedarf zweier Willenserklärungen, die voll inhaltlich übereinstimmen müssen (z. B. Kaufvertrag).

7 **Anfechtbar** sind z. B. Rechtsgeschäfte, denen ein Inhalts-, ein Erklärungs- oder ein Eigenschaftsirrtum zugrunde liegt, bei denen ein Vertragspartner arglistig getäuscht wurde oder wenn eine widerrechtliche Drohung vorliegt.

8 Rechtsgeschäfte sind **nichtig**, wenn
   • sie mit geschäftsunfähigen Personen abgeschlossen werden,
   • sie nur zum Schein abgeschlossen werden,
   • eine offensichtlich nicht ernst gemeinte Willenserklärung abgegeben wird,
   • sie gegen die guten Sitten verstoßen,
   • die Grundlage eine gesetzlich verbotene Handlung ist,
   • sie unter Missachtung der gesetzlichen Formvorschriften zustande kommen.

9 a) Der **Ausbildungsvertrag** kann mündlich oder schriftlich abgeschlossen werden. Ein mündlicher Vertrag ist aber vor Beginn der Ausbildung vom Auszubildenden schriftlich niederzulegen und von allen Beteiligten zu unterschreiben. Denn die Vertragsparteien sollen vom ersten Ausbildungstag an wissen, welche Rechte und Pflichten sie haben.

Erfolgt keine schriftliche Niederlegung, besteht der mündliche Ausbildungsvertrag trotzdem weiter, d. h. der Ausbilder muss seinen Vertragspartner als Auszubildenden in den Betrieb aufnehmen. Sonst bestünde die Gefahr, dass sich der Ausbilder dem Vertragsvollzug entzieht, z. B. wenn er nachträglich einem in seinen Augen besseren Ausbildungskandidaten den Vorrang geben wollte.

b) Hier liegt ein Eigenschaftsirrtum vor. Die **Schuhe** können zurückgegeben werden.

c) Ein **privates Testament** ist nur dann gültig, wenn es eigenhändig handschriftlich verfasst und unterschrieben wurde (vgl. Lösung zu Aufgabe 5). Das am PC geschriebene Testament ist somit ungültig.

10 **Arbeitsverträge** können auch mündlich wirksam geschlossen werden. Es reicht sogar, wenn sich aus dem Verhalten der Vertragspartner ergibt, dass der Arbeitsvertrag gelten soll. Typisch hierfür ist die Aufnahme der Arbeit. Entscheidend ist in jedem Fall, dass Einigkeit über die wesentlichen Punkte des Arbeitsvertrages besteht. Wenn schon ein Arbeitsvertrag schriftlich vorliegt, sollte er auch von beiden Seiten unterschrieben werden.

11 Der Erblasser kann ein **Testament** durch eine eigenhändig geschriebene und unterschriebene Erklärung errichten. Da es sich um ein einseitiges Rechtsgeschäft handelt, muss das Testament von dem vorgesehenen Erben nicht unterschrieben werden. Der Begünstigte kann im Todesfall des Erblassers prüfen, ob er das Erbe annehmen oder ausschlagen möchte.

2.3 Kaufvertrag (Lehrbuch S. 65)

1 Ein **Kaufvertrag** besteht aus einem **Verpflichtungsgeschäft** und einem **Erfüllungsgeschäft**.
Das Verpflichtungsgeschäft kommt zustande, wenn sich beide Vertragspartner durch entsprechende Willenserklärungen über den Kauf/Verkauf einig werden. Dem Verpflichtungsgeschäft folgt das Erfüllungsgeschäft, also Lieferung der Ware, Bezahlung, Annahme von Ware und Geld und Eigentumsübertragung.

2 Der Verkäufer ist grundsätzlich **an sein Angebot gebunden**, sofern er sein Angebot nicht mit Freizeichnungsklauseln versehen hat. Das Angebot ist allerdings nicht unbegrenzte Zeit gültig, sondern muss sofort angenommen werden, d. h. telefonisch oder mündlich umgehend, schriftlich innerhalb ca. einer Woche.

3 Ein **Angebot** muss Angaben zu Art, Güte und Beschaffenheit der Ware, zur Menge und zum Preis und sollte Angaben zu den Zahlungs- und Lieferbedingungen, zum Erfüllungsort, Gerichtsstand und evtl. zu den allgemeinen Geschäftsbedingungen enthalten.

4 **Rabatt** kann gewährt werden als Mengenrabatt, Wiederverkäuferrabatt, Treuerabatt oder Sonderrabatt.

5 Es gibt folgende **Zahlungszeitpunkte**: Vorauszahlung, Zahlung Zug um Zug (Ware gegen Geld) und Zahlung auf Ziel (zu einem bestimmten Termin).

6 • Die Bezeichnung „**ab Werk**" bedeutet, dass der Käufer alle Beförderungskosten ab Werk übernehmen muss.
  • Die Bezeichnung „**unfrei**" bedeutet, dass der Verkäufer die Beförderungskosten bis zur Versandstation (z. B. Versandbahnhof) trägt, alle weiteren Kosten (Frachtkosten, Rollgeld, Be- und Entladekosten) von dort bis zu sich nach Hause werden dem Empfänger in Rechnung gestellt.
  • Erfolgt die Lieferung „**frachtfrei**", trägt der Verkäufer alle anfallenden Kosten bis zum Bahnhof am Bestimmungsort und der Käufer nur noch die Kosten für die Zufuhr zu sich nach Hause und die Entladung.
  • Wird eine Ware „**frei Haus**" geliefert, trägt der Verkäufer alle Kosten bis zum Käufer.

7 a) Der **gesetzliche Erfüllungsort** ist der Wohn- oder Geschäftssitz des Schuldners (§ 269 BGB). Wird vertraglich etwas anderes vereinbart, so spricht man vom **vertraglichen Erfüllungsort**.
  b) Für Streitigkeiten wegen der Zahlung ist das Gericht am Wohnort des Geldschuldners zuständig, bei Streitigkeiten wegen der Lieferung das Gericht am Wohnort des Warenschuldners. Man nennt dies den **gesetzlichen Gerichtsstand**. Ist etwas anderes im Vertrag vereinbart, spricht man vom **vertraglichen Gerichtsstand**.

8 Man bezeichnet die rechtliche Herrschaft über eine Sache als **Eigentum**, während die tatsächliche Herrschaft als **Besitz** bezeichnet wird. Wenn ein Vater z. b. ein Auto kauft, damit seine Tochter es fährt, so ist der Vater der Eigentümer, die Tochter aber die Besitzerin des Wagens.

2.4 Störungen bei der Erfüllung von Kaufverträgen (Lehrbuch S. 70)

1 Jeder Schuldner muss nach dem Abschluss eines Verpflichtungsgeschäftes seine **Leistungen** erfüllen. So muss der Verkäufer dem Käufer die Sache frei von Sach- und Rechtsmängeln übergeben und ihm daran das Eigentum verschaffen. Der Käufer hat die Verpflichtung, den vereinbarten Kaufpreis zu zahlen und die Sache dem Verkäufer abzunehmen.
Die Leistungspflicht entfällt bei einer objektiven Unmöglichkeit (z. B. die Leistung kann von niemandem erbracht werden, da die Kaufsache zerstört wurde) und bei einer subjektiven Unmöglichkeit (z. B. der Schuldner kann die Leistung nicht erbringen, dafür aber ein anderer). Bei Geldschulden gibt es keinen Ausschluss der Leistungspflicht.

2 Ein **Rechtsmangel** ist dann gegeben, wenn z. B. ein Anspruch eines Dritten (das bestehende Eigentum eines Dritten) vorliegt.
Bei einem **Sachmangel** weist die Kaufsache nicht die vertragsgemäße Beschaffenheit und Qualität auf. Sachmängel können z. b. eine Falschlieferung, eine Zuweniglieferung oder eine fehlerhafte Montageanleitung sein, oder das Produkt hält nicht, was in der Werbung versprochen wurde. Ein unerheblicher Mangel kann z. B. ein fehlender Griff an einem Schrank sein.

3 a) Da es heute üblich und notwendig ist, dass ein Computer ein CD-Laufwerk enthält, liegt ein **Sachmangel** vor. Der Computer muss die „Eignung zur gewöhnlichen Verwendung" haben. Der Käufer hat also einen „Nacherfüllungsanspruch".
b) Es ist **keine Eigenschaft des Produkts**, womit hier die Werbung wirbt. Daher handelt es sich nicht um einen Sachmangel und man muss sich entscheiden, ob man den höheren Preis zahlen will oder nicht.
c) Die fehlerhafte Montageanleitung ist ein **Sachmangel** und es besteht Anspruch auf eine Nacherfüllung. Wenn die nächsten zwei Nachbesserungsversuche fehlschlagen, hat man das Recht auf Rücktritt und Schadenersatz oder auch das Recht auf Minderung.
d) Die Kundin hat das Recht, die in der **Werbung** genannten Aussagen über das Produkt zu beanspruchen.
e) Es liegt eine **Zuweniglieferung** vor. Der Weinhändler hat grundsätzlich einen Anspruch auf Nacherfüllung.

4 Bei kleinen Mängeln kann auch **Minderung** in Anspruch genommen werden. Die Minderung muss angemessen sein.

5 Soweit möglich, sollte der Unternehmer eine **angemessene Frist zur Nacherfüllung** nennen. Wenn eine Fristsetzung nicht mehr möglich ist, kann er die **sofortige Erfüllung** und **eventuell Schadenersatz** verlangen. Muss der Unternehmer den Hummer bei einem anderen Händler einkaufen, ist der Schaden die Preisdifferenz.

2.5 Verjährung (Lehrbuch S. 74)

1 • Weist die Kaufsache innerhalb der ersten zwei Jahre Mängel auf, gilt die gesetzliche Gewährleistungspflicht (**Mängelhaftung**).
• Bieten Hersteller oder Händler zusätzlich zur gesetzlichen Gewährleistungspflicht (2 Jahre) als freiwillige Leistung eine **Garantie** (z. B. ein zusätzliches Jahr), werden alle Mängel beseitigt, egal, ob diese bei der Auslieferung schon vorhanden waren, oder nicht.
• Treten Mängel erst nach Ablauf der gesetzlichen Gewährleistungspflicht oder der Garantiezeit auf, kann der Hersteller oder Händler **Kulanz** gewähren und sich ganz oder teilweise an den Kosten für aufgetretene Schäden beteiligen. Kulanz ist jedoch immer freiwillig. Es besteht kein Anspruch darauf.

2 Entdeckt der Käufer bei einer Ware oder Leistung einen Mangel, kann er bestimmte gesetzlich garantierte Rechte gegenüber dem Verkäufer oder Hersteller geltend machen. Diese Kundenansprüche können aber aus

Gründen der Rechtssicherheit nicht unbefristet gelten, sie unterliegen daher der **Verjährung**. Die Verjährungsfrist ist also die Zeit, in welcher der Kunde das Recht hat, seinen Mangel einzuklagen.

3 Die **regelmäßige Verjährungsfrist** beträgt drei Jahre. Sie beginnt mit dem Schluss des Jahres, in dem der Anspruch entstanden ist und der Gläubiger Kenntnis von seinem Anspruch erlangt hat. Die Verjährungsfrist endet, wenn der Vertragspartner wegen des Ablaufs eines bestimmten Zeitraums (drei Jahre) die Ansprüche nicht mehr durchsetzen kann (Einrede der Verjährung).

4 Es gilt die Vermutung, dass eine Sache bereits bei der Übergabe mangelhaft war, wenn sich ein Mangel binnen sechs Monaten nach Übergabe zeigt. In diesem Fall muss der Verkäufer beweisen, dass die Sache mangelfrei war. Der Verkäufer trägt also die ersten sechs Monate die **Beweislast**. Erst danach muss der Kunde beweisen, dass die Sache bereits bei der Übergabe mangelhaft war. Er trägt also die Beweislast erst ab dem siebten Monat.

5 a) Der Kfz-Händler Herrmann hat einen **Anspruch auf Zahlung des Rechnungsbetrags**.
 b) Die **Verjährungsfrist** beim Zahlungsanspruch beträgt drei Jahre (§ 195 BGB).
 c) Der Anspruch wird **fällig**, wenn der Schuldner die Zahlung verlangen kann. Dies ist hier einen Monat nach Rechnungseingang, also am 15.06.2013, der Fall.
 d) Die **Verjährung beginnt** mit dem Schluss des Jahres, in dem der Anspruch entstanden ist (§ 199 Abs. 1 BGB), hier also am 31.12.2013.
 e) Bei der Bitte um Stundung handelt es sich um einen Fall des **Neubeginns der Verjährung**, da der Schuldner ja die Forderung anerkennt (§ 212 Abs. 1 Nr. 1 BGB).
 f) Hier hat die **Verjährungsfrist** zum Zeitpunkt der Stundungsbitte noch gar nicht begonnen. Nur wenn sich die Stundung in das neue Jahr hineinzieht, hat dies Auswirkungen auf die Verjährung – sie beginnt dann z. B. mit der Leistung einer Teilzahlung erneut.

6 a) Der Verkäufer hat **Anspruch auf Zahlung des Kaufpreises**.
 b) Die **Verjährungsfrist** beträgt wiederum drei Jahre (§ 195 BGB).
 c) Der Betrag wurde zunächst am 03.04.2013 fällig. Nach Stundung wird der Betrag wieder am 01.08.2013 **fällig**.
 d) Die **Verjährung beginnt** wiederum am 31.12.2013.
 e), f) Da hier die **Stundung bereits vor Beginn der Verjährungsfrist abgeschlossen** ist, kommt es weder zur Hemmung, noch zum Neubeginn der Verjährung.

2.6 Haftung und Schadenersatz (Lehrbuch S. 77)

1 Vorsatz bedeutet, dass ein Schaden mit Absicht verursacht wurde.
 Fahrlässigkeit bedeutet, dass aus Nachlässigkeit ein Schaden entstanden ist.

2 Schadenersatz kann geltend gemacht werden bei Vermögens- und Personenschäden, bei entgangenem Gewinn und bei Haftung aus Verträgen.

3 a) Der **einfache Schadenersatz „neben" der Leistung** ist dann gegeben, wenn neben der vereinbarten Leistung zusätzlich noch Schadenersatz gezahlt werden muss.
 b) Der **Verzugsschadenersatz** tritt bei Zahlungsverzug auf. Wenn also eine Privatperson oder ein gewerblicher Kunde nicht innerhalb von 30 Tagen nach Fälligkeit und Zugang der Rechnung zahlt, muss der Kunde Verzugszinsen zahlen. Diese betragen bei einer Privatperson 5 Prozentpunkte über dem Basiszinssatz (nur wenn auf der Rechnung darauf hingewiesen wird), und bei gewerblichen Personen 8 Prozentpunkte.
 c) Schadenersatz „statt" der Leistung bedeutet, dass eine Leistung durch einen Schadenersatz ersetzt wird. Diese Regelung gilt für folgende Punkte:
 • Bei **Verzug**: Da die Leistung nicht rechtzeitig erbracht wurde, kann statt der Leistung Schadenersatz gefordert werden, wenn dem Gläubiger die Leistung nicht mehr zuzumuten ist.
 • Bei **Schlechterfüllung**: Wird so schlecht geleistet, dass eine Nachbesserung der Leistung unmöglich ist, so kann statt der Leistung Schadenersatz beansprucht werden.

- Bei **Verletzung einer „sonstigen Pflicht"**: Das Schuldverhältnis kann nach seinem Inhalt jeden Vertragspartner zur Rücksicht auf die Rechte, Rechtsgüter und Interessen des anderen Teils verpflichten (wenn z. B. Bauarbeiter unachtsam eine Gartenanlage zerstören).
- Bei **Unmöglichkeit**: Bei Pflichtverletzung und einer unmöglichen Leistung kann Schadenersatz gefordert werden.

d) Hat der Käufer kein Interesse an der Teilleistung des Verkäufers, kann er diese zurückgeben und einen Schadenersatz für die gesamte Leistung fordern. Es kommt ein **Schadenersatz „statt der ganzen" Leistung** zustande.

e) Beim **Aufwendungsersatz** kann der Gläubiger Ersatz für seine Aufwendungen verlangen, die er im Glauben auf den Erhalt der Leistung gemacht hat – was ihm auch erlaubt ist. Solche Aufwendungen sind für den Gläubiger völlig nutzlos, wenn er später die Leistung nicht erhält (z. B. wenn er Zinsen für ein Darlehen bezahlen muss, das er aufgenommen hat, um die Leistung zahlen zu können).

4 Herr Lorenz kann folgende Formen des Schadenersatzes geltend machen:
- **Schadenersatz „neben" der Leistung**: Reparatur/Ersatz des Fahrrads
- **Schadenersatz „statt" der Leistung**: Reparatur der Automatik
- **Schadenersatz „statt der ganzen" Leistung**: Ersatz für das ganze Auto (hier wohl eher nicht möglich)
- **Aufwendungsersatz**: Miete für Stellplatz (wenn er das Auto nicht mehr haben will)

5
- Minderjährige bis sieben Jahre sind **nicht deliktsfähig**.
- Minderjährige im Alter von sieben bis achtzehn Jahren sind **bedingt deliktsfähig**, d. h. ausschlaggebend ist die Tatsache, ob die betreffende Person beim Begehen der Handlung über die notwendige Einsicht und geistige Entwicklung verfügt, das Unrecht ihrer schädigenden Handlung zu erkennen oder nicht.
- Personen ab 18 Jahren sind **voll deliktsfähig**, also verantwortlich für ihr Tun.

6 a) Zur Lösung des Falles mithilfe der **Subsumtion** (Unterordnung eines Sachverhalts unter den Tatbestand einer Rechtsnorm) muss sehr genau geprüft werden, ob der hier vorliegende Fall tatsächlich unter § 823 Abs. 1 BGB fällt:
- Mit „**wer**" ist in diesem Fall Jonas gemeint (er hat den Stein geworfen).
- Jonas hat die Tat **vorsätzlich** begangen, er hat die Scheibe aus Zerstörungswut mit einem Stein zertrümmert (also mit seinem Wissen und Wollen). Auch wenn Jonas nicht unbedingt erreichen wollte, dass die Scheibe zu Bruch geht, so hat er dies doch billigend in Kauf genommen. Falls Jonas angetrunken war, kann ihn das nicht entlasten (das geht aus § 827 Satz 2 BGB hervor, der hier aber nicht unbedingt behandelt werden sollte).
- Die zerstörte Schaufensterscheibe gehört zum Eigentum des Computerfachgeschäfts, also ist sie **Eigentum eines anderen**.
- Da der Stein in die Schaufensterscheibe geworfen wurde, wurde diese beschädigt, also das **Eigentum** auch **verletzt**.
- Die Eigentumsverletzung war **widerrechtlich**, da Jonas natürlich keinen echten Rechtfertigungsgrund (das wäre z. B. Notwehr) dafür hatte.

Damit sind alle Voraussetzungen des Paragrafen erfüllt und für Jonas gilt jetzt die Rechtsfolge: Er ist dem anderen (hier dem Ladeneigentümer) zum Ersatz des entstandenen Schadens verpflichtet (d. h. Jonas muss die Kosten für die Reparatur der Schaufensterscheibe bezahlen).

b) Wäre Jonas **noch nicht 18 Jahre alt**, so wäre nach § 828 Abs. 3 BGB zu prüfen, ob er bei dem Steinwurf die zur Erkenntnis der Verantwortlichkeit erforderliche Einsicht hatte. Da im Fall nichts davon gesagt wird, dass Jonas in seiner geistigen Entwicklung eingeschränkt ist, ist davon auszugehen, dass er das Unrecht seines Tuns erkennen konnte/musste (diese Einsicht wird ja sogar von weit jüngeren Jugendlichen verlangt).

c) Auch die **strafrechtliche** Betrachtung des Falles nach § 303 StGB kann mithilfe der Subsumtion erfolgen: Wie unter a) erörtert hat Jonas rechtswidrig eine fremde Sache beschädigt bzw. zerstört und wird daher mit der Rechtsfolge **Freiheitsstrafe bis zu zwei Jahren oder mit Geldstrafe** bestraft. Das genaue Strafmaß wird nach den Gesamtumständen des Einzelfalles bemessen (Umfang der Zerstörung, erstmalige Verfehlung, Reue etc.).

HOT – Handlungsorientierte Themenbearbeitung Kapitel 2 (Lehrbuch S. 78)

1 a) **Rechtsfähig** sind alle Personen. **Voll geschäftsfähig** dagegen sind nur Ernst Mauser, sein 35-jähriger Sohn Dennis und seine 32-jährige Tochter Nina aus erster Ehe sowie seine zweite Ehefrau Marita. Die Tochter Hanna ist mit ihren 16 Jahren **beschränkt geschäftsfähig**, sein 6-jähriger Sohn Michael **geschäftsunfähig**.
   b) Michael darf sich keine Süßigkeiten kaufen, da er mit seinen sechs Jahren geschäftsunfähig ist.
   c) Die Ausbildungsvergütung wird als Taschengeld interpretiert, ggf. abzüglich des Betrags, den die Eltern für Wohnen und Versorgung von Hanna verlangen. Es ist davon auszugehen, dass Hanna von ihrer Ausbildungsvergütung die 49,99 € bezahlen kann. Damit ist der Vertrag rechtsgültig.

2 a) Ein **Testament** muss entweder handschriftlich geschrieben und unterschrieben werden oder kann bei einem Notar als öffentliche Urkunde hinterlegt werden.
   b) Hierbei handelt es sich um eine **nicht empfangsbedürftige Willenserklärung**, die keinen Erklärungsempfänger voraussetzt.

3 a) Bei dem Vertrag zwischen Ernst Mauser und dem Kunden Friedrich handelt es sich um ein **zweiseitiges Rechtsgeschäft**. Beide Willenserklärungen müssen inhaltlich übereinstimmen (Verpflichtungsgeschäft). Das Angebot von Mauser ist der Antrag, die Zustimmung zum Angebot durch Friedrich ist die Annahme.
   b) Ernst Mauser übernimmt im **Verpflichtungsgeschäft** folgende Pflichten:
   • Ware liefern,   • Eigentum verschaffen,   • Geld annehmen.

   Der Kunde Friedrich übernimmt die Pflichten:
   • Ware bezahlen,   • Ware annehmen.

   c)

Elektroinstallationen Mauser	Neuer Weg 14
	47803 Konstanz
Herrn	
Ernst Friedrich	
Krämergasse 5	
47829 Konstanz	02.05.20XX

   Angebot

1 Funkanlage „System 4000"		€ 349,00
Modulares Funkalarmsystem, Funksensoren, 12 m x 9		
Fernbedienung (Senderreichweite bis 50 m), Sirene (110 dB)		
mit Notstromakku		
inkl. Netzgerät, Batterien für Funksender		
3 Arbeitsstunden für Befestigung und Installation	à € 35,–	€ 105,00
		€ 454,00
	+19 % MwSt.	€ 86,26
	Bruttopreis	**€ 540,26**

   Zahlungsbedingungen:
   Bei Zahlung innerhalb von 8 Tagen 2 % Skonto, ansonsten innerhalb von 4 Wochen rein netto.
   Erfüllungsort und Gerichtsort: Konstanz.

4 a) Es liegt eine **mangelhafte Lieferung** vor.
   b) Herr Friedrich muss eine **Mängelrüge** gegenüber Herrn Mauser aussprechen, aus Beweisgründen am besten schriftlich. Da die Alarmanlage bereits eingebaut wurde, kann zunächst nur eine Nachbesserung verlangt werden, bei einzelnen Teilen auch Ersatzlieferung.
   c) Die **Verjährungsfrist** beträgt wegen Sachmangel im Kauf- und Werkvertrag zwei Jahre.
   d) Es liegt eine **Hemmung** um 14 Tage vor, d. h. die Verjährungsfrist verlängert sich um diese 14 Tage.

5 Es liegt ein **Erklärungsirrtum** vor. Das getätigte Geschäft ist rechtsunwirksam und kann daher von Herrn Mauser angefochten werden.

6 a) Ist eine Montageanleitung fehlerhaft und damit die Montage nicht fehlerfrei durchzuführen, so liegt ein **Sachmangel** vor. Ist es zu einem Schaden gekommen, so kann Dennis Schadenersatz verlangen.
b) Wird in einer überregionalen Werbung ein bestimmter Preis genannt, so ist dieser Preis **bindend**.

7 Der **Kaufvertrag** ist zustande gekommen, da Marita Mauser die krankheitsbedingte Schließung des Computerfachmarkts nicht zu verantworten hat. Die Annahme des Angebots ist fristgerecht eingegangen.

Kapitel 3: Verbraucherbewusstes Verhalten

3.1 Verbraucherberatung (Lehrbuch S. 86)

1 a) In unserer Wirtschaftsordnung haben die Unternehmen in aller Regel eine größere Marktmacht als der einzelne Verbraucher. Damit die **Verbraucher** aber nicht unangemessen übervorteilt oder durch unsichere Produkte sogar gefährdet werden, schützt der Staat sie durch eine Vielzahl von Verordnungen und Gesetzen, um so ihre Marktposition zu verbessern. Wichtig in diesem Zusammenhang ist auch, dass die Verbraucher umfassende Informationen zu allen verbraucherrelevanten Themen erhalten (Bundesministerien, Verbraucherorganisationen, Presse etc.) und so als bewusste und aufgeklärte Konsumenten auftreten können.
b) Mögliche Positionen sind:
- Der **Kunde ist König**, da er von allen umworben und bestens bedient wird. Die Konkurrenz der Anbieter kann er zu seinem Vorteil ausnutzen. Es handelt sich um einen sogenannten „Käufermarkt".
- Der **Kunde ist eher benachteiligt**, da die Anbieter die Beeinflussbarkeit und die schwache Stellung des Kunden am Markt zu ihrem Vorteil ausnutzen (vgl. Lehrbuch S. 80). Es handelt sich um einen sogenannten „Verkäufermarkt". Diese Position dürfte eher der Realität entsprechen.

2 Das **Rollenspiel** könnte sich um folgende Themen drehen:
- Welche Art von Fahrradschloss (Bügel, Kette, Stahlseil, Zahlenschloss) bietet die beste Sicherheit gegen Diebstahl?
- Beanstandung eines Mangels, z. B.:
Der Schlüssel des Schlosses klemmt und lässt sich nicht abziehen.
Die Halterung des Schlosses am Fahrrad ist aus Plastik und nach kurzer Zeit gerissen.

3 a) Dies ist natürlich sehr unterschiedlich. Für die meisten jungen Verbraucher dürften mittlerweile Onlineangebote an erster Stelle stehen, bieten sie doch zumeist höchst aktuelle **Verbraucherinformationen** bequem zugänglich und vielfach kostenfrei an. Tageszeitungen, Zeitschriften, Publikationen von Verbraucherorganisationen und Behörden sowie evtl. ein wöchentliches (Fernseh-)Magazin können ebenfalls wichtige Informationsquellen sein. Wenn man eine umfassende und unabhängige Beratung zu einem bestimmten Thema sucht, sollte man sich an eine Verbraucherzentrale wenden.
b) Die Stiftung Warentest dürfte wohl eine sehr **zuverlässige Informationsquelle** sein. Tests können auf der Internetseite www.test.de i. d. R. kostengünstig heruntergeladen werden. Außerdem kann man sich wohl auch auf Sendungen im öffentlich-rechtlichen Fernsehen und die Informationen durch Behörden und Verbraucherzentralen verlassen. Kritischer sollte man bei Angeboten eher unbekannter Anbieter im Internet sein.
c) Selbstverständlich wird ein Verkäufer in einem Fachgeschäft oder ein Anbieter im Internet seine Ware in höchsten Tönen preisen. Bei falschen oder irreführenden Angaben besteht aber ein Rückgaberecht, wobei sich die Auslegung im Streitfall z. T. allerdings in einer Grauzone bewegt. Daher bietet es sich im heutigen Informationszeitalter an, sich bereits **vor dem Kauf** ausführlich über die Qualität der Produkte im Internet zu **informieren** (unabhängige Tests, Kundenbewertungen etc.).

4 Im Lehrbuch auf S. 82 werden die Bereiche aufgezeigt, zu denen die **Verbraucherzentralen** Informationen anbieten. So z. B. auch in folgenden Fällen:
- Ein Kreditnehmer hat sich überschuldet und benötigt Hilfe.
- Ein Urlauber möchte sich über seine Rechte informieren, da sein Hotelzimmer nicht dem Angebot entsprach.

- Ein Internetkäufer hat Ware aus dem Ausland bezogen, die er aber zurückgeben möchte.
- Ein Jugendlicher hat eine Abmahnung wegen eines angeblich unerlaubten Downloads erhalten.
- Eine ältere Dame ist auf einer „Kaffeefahrt" zum Abschluss eines teuren Bücherabonnements überredet worden.

5 Die Tests beider Testzeitschriften ähneln sich sehr stark, wobei die **Stiftung Warentest** (gegründet 1964) aber stärker auf die Qualität der Produkte und ihren Gebrauchswert achtet, während **Öko-Test** (gegr. 1982 als Aktiengesellschaft) eher auf ökologische Aspekte und Nachhaltigkeit Wert legt.
Während sich Öko-Test zum Teil durch Werbeeinnahmen finanziert (manchmal Werbeanzeige direkt neben dem Test), verzichtet die Stiftung Warentest gänzlich auf Werbung, um sich eine vollständige Unabhängigkeit zu bewahren (sie erhält dafür einen jährlichen Zuschuss des Staates in Höhe von mehreren Millionen Euro). Ob bei Öko-Test aber tatsächlich eine Verquickung von Geschäftsinteressen und Testurteilen besteht, ist fraglich, da die meisten Tests an unabhängige Labore vergeben werden. Außerdem würde Öko-Test jegliches Vertrauen der Verbraucher verlieren, falls ein Zusammenhang von Werbung und Test nachweisbar wäre. Durch die Konkurrenz der beiden Zeitschriften dürften die Verbraucher am meisten profitieren.

6 a) Das Angebot des **Deutschen Mieterbunds** bezieht sich auf:
- aktuelle Themen und Rechtsfragen (z. B. energetische Gebäudesanierung, Nebenkosten),
- Wohnungspolitik (z. B. Mieterhöhungen, Mietspiegel, Mietpreisbremse, Heizspiegel),
- Rechtstipps (z. B. Wohngeld) und Checklisten,
- Mieterzeitung und andere Publikationen,
- persönliche Mieterberatung und ggf. Rechtsschutz bei gerichtlichen Auseinandersetzungen,
- Adressen aller örtlichen Mietervereine (bequem über Ort oder PLZ zu finden).

b) Die Antwort hängt vom Zeitpunkt der Recherche und den gerade relevanten Themen ab. Auf der Homepage des Mieterbunds werden aktuelle Themen vorgestellt (z. B. geplante Mietrechtsänderungen, neuester Betriebskostenspiegel, Kappungsgrenze, Bestellerprinzip bei Maklerleistungen etc.).

7 Auch hier hängt die Antwort vom Zeitpunkt der Recherche ab. Auf der Startseite von **WISO** werden die Themen der letzten Sendung vorgestellt (als Artikel oder Video) und die Inhalte der nächsten Sendung angekündigt. Auch im Archiv (Register anklicken!) findet man interessante (oft rechtliche) Themen, die z. T. sehr unterrichtsrelevant sind und beispielsweise als Video direkt im Unterricht eingesetzt werden können. Die Themen im Archiv beziehen sich auf die Sendungen des letzten halben Jahres (zzt. 250 Themen).

8 a) Neben dem Preis spielen natürlich die Qualität, die Leistung und der Gebrauchswert eines Produkts eine wesentliche Rolle (nur „billig" kann letztendlich teuer werden, wenn das Produkt die Erwartungen nicht erfüllt oder frühzeitig defekt wird). Weitere **Kriterien für eine Kaufentscheidung** können sein: Service, Garantie, Image, Extras (insbesondere bei der Leistung), ggf. Länge der Vertragsbindung, Versandkosten etc.
b) Bei **Tablet-PCs** kann man z. B. nach folgenden **Kriterien** unterscheiden:
- Größe des Displays (Diagonale): 7″ (Zoll), ... ,10″, ...
- Betriebssystem: Android, iOS (Apple)
- Akkulaufzeit bei unterschiedlichen Anwendungen (Office, Spielfilm, Spiele)
- Gewicht: ca. 300–600 g
- Ausstattung: Auflösung, Speicherkapazität, Kamera, USB, microSD
- mobile Daten: WiFi, LTE, 3G
- vorinstallierte Software
- Preis-Leistungs-Verhältnis

c) Tests speziell für PCs, Laptops und Tablets findet man auf spezialisierten Webseiten wie z. B.:
- www.chip.de
- www.testsieger.de
- www.connect.de
- www.testsiege.net
- www.computerbild.de
- www.test.de

u.v.a.m.

d) Die **Bewertungen von anderen Käufern** können sehr hilfreich sein, da sie oft den „Gebrauchswert" eines Artikels besser beschreiben als die technischen Angaben laut Produktbeschreibung. Allerdings sollte man bei den Aussagen vorsichtig sein, da auch vorgetäuschte Bewertungen dabei sein können.

3.2 Warenkennzeichnung (Lehrbuch S. 92)

1 Auf **Lebensmittelverpackungen** müssen (gemäß LMKV) folgende **Angaben** gemacht werden:
- die handelsübliche Verkehrsbezeichnung,
- die Anschrift des Herstellers, des Verpackers oder eines in der EU niedergelassenen Verkäufers,
- das Verzeichnis der Zutaten nach den QUID-Grundsätzen,
- die Menge nach deutschem Maß und Gewicht,
- das Mindesthaltbarkeitsdatum bei ordnungsgemäßer Lagerung.

2 a) Zu den **gesetzlichen Warenkennzeichnungen** gehören alle in Lösung 1) genannten Angaben, aber auch der Endpreis nach PAngV (einschließlich Umsatzsteuer), der – wenn er nicht auf dem Warenetikett selbst angegeben ist – mindestens an dem entsprechenden Regal angebracht sein muss. Zusätzlich muss der Grundpreis (Preis je Mengeneinheit) angegeben werden.

Die **freiwillige Warenkennzeichnung** dient hauptsächlich der Werbung für das Produkt. Insbesondere gehören dazu vor allem die bildliche Darstellung des Produkts auf der Verpackung, das Firmenlogo, sowie ggf. Gütesiegel, die Artikelnummer (EAN) auch als Barcode, Nährwertangaben, Herkunftsbezeichnung, Qualitätsstandards etc.

b) Die **gesetzliche Warenkennzeichnung** ist durch Gesetze vorgeschrieben, sodass sich die Unternehmen von den Vorgaben nicht lösen können (Lebensmittelkennzeichnungsverordnung, Angabe von Handelsklassen, Textilkennzeichnungsgesetz, Preisangabenverordnung, Eichgesetz, Produktinformationen zu bestimmten Produkten vgl. Lehrbuch S. 89).

Die **freiwillige Warenkennzeichnung** hingegen stellt den Unternehmen frei, ob sie dem Konsumenten aus Werbegründen zusätzliche Informationen über Inhalt, Beschaffenheit und Qualität mitteilen möchten (z. B. Sicherheitszeichen, Gütezeichen, DIN-Angaben, Umweltzeichen, Test-Urteile).

3 Die **Kennzeichnung von Genprodukten** (genmanipulierte Lebensmittel) wird sehr kontrovers diskutiert. Einige Argumente sind:

Pro
- Verbraucher sollten grundsätzlich feststellen können, wie die Lebensmittel hergestellt wurden und welche Zutaten jeweils enthalten sind.
- Da die Gefahren aufgrund mangelnder Erfahrungen noch nicht bekannt sind, sollten die Konsumenten diese Mittel meiden können.
- Für Allergiker können bestimmte Genmanipulationen gesundheitsschädlich sein.

Kontra
- Eine Kennzeichnung führt nur zu einer unnötigen Verunsicherung der Verbraucher.
- Es könnte eine „emotionale" und unbegründete Ablehnung entstehen.

4 Es ist leichter, einen Preisvergleich zu machen, wenn auch der Kilopreis der Ware angegeben wird. In europäischen Geschäften muss dieser sogenannte **Grundpreis** angegeben werden. Der Kilopreis lautet hier: 13,00 €/kg.

5 Es gibt **offizielle Umweltzeichen** wie den Blauen Engel, das deutsche Bio-Siegel, das EU-Bio-Logo (Euro-Blatt) oder das Europäische Umweltzeichen (Euroblume). Darüber hinaus gibt es aber auch viele „Pseudo-Umweltzeichen", die nicht nachgeprüft werden können. Viele Verbraucher sind durch die Vielzahl der Umweltzeichen verunsichert und wissen zu Recht nicht, ob sie sich auf das jeweilige Zeichen verlassen können.

6 Die **freiwillige Produktkennzeichnung** gibt neben der vorgeschriebenen Kennzeichnung weitere Informationen über ein Produkt. Dies ist sicher grundsätzlich zu begrüßen. Allerdings besteht die Gefahr, dass die Kunden durch Übertreibungen, Auslassungen oder durch die Verwendung ungeschützter Begriffe, wie „Light/Lite" oder „dermatologisch getestet", falsche Vorstellungen von dem Produkt bekommen.

7 Die Anbringung des **Grünen Punktes** auf einer Verpackung bedeutet nicht, dass diese automatisch in den Gelben Sack gehört. Die Verwendung sagt aus, dass sich die Abfüller-/Vertriebsfirma gemäß § 6 Abs. 3 der Verpackungsverordnung am Dualen System beteiligt und hierfür ein Entgelt bezahlt. Durch diese Beteiligung befreit sie sich von der Selbstentsorgungsverpflichtung gemäß § 6 Abs. 1 Verpackungsordnung. Alle Verpackungen mit dem Grünen Punkt, und das sind nur die Verkaufsverpackungen (denn nur für diese gilt § 6 Abs. 3 Verpackungsordnung), werden nun vom Verbraucher entsprechend dem Material sortiert und gesammelt. Glas in die Glascontainer, Papier, Pappe und Karton in den Papiercontainer, Leichtverpackungen (Kunststoff, Metall und Verbunde) in die Gelbe Tonne bzw. den Gelben Sack. Auch die Glas- und Papiercontainer sind Sammelbehälter des Grünen Punktes, nicht nur der Gelbe Sack bzw. die Gelbe Tonne. Allein das Material der Verpackung entscheidet somit, worin sie hinterher gesammelt werden muss.

8 a) Seit Anfang der Neunzigerjahre sind die **Begriffe Öko und Bio** gesetzlich geschützt und dürfen nur von Betrieben verwendet werden, die die EU-Rechtsvorschriften für den ökologischen Landbau einhalten und regelmäßig kontrolliert werden. Diese Betriebe müssen ihre Produkte mit dem EU-Bio-Logo (Euroblatt) kennzeichnen und dürfen darüber hinaus auch das staatliche deutsche Bio-Siegel verwenden. Die Zutaten für ihre Produkte müssen aber nur zu 95 Prozent aus dem biologischen Landbau stammen.
Viele Lebensmittel werden als sogenannte **Lightprodukte** angeboten. Die Bezeichnungen „light" oder „leicht" sind nicht gesetzlich geschützt. Die so bezeichneten Produkte können entweder kalorienärmer, alkohol- oder koffeinärmer oder einfach nur leichter sein, weil sie mit Luft oder Stickstoff aufgeschäumt wurden. Manchmal werden auch die altbekannten fettarmen Sorten, z. B. bei Milchprodukten, als Light-Quark, -Käse, -Milch neu vermarktet. Wer Luft und Wasser nicht teuer bezahlen will, sollte genau prüfen, was sich hinter der Bezeichnung „light" oder „leicht" verbirgt. Man sollte daher immer die Zutatenlisten von Light- und herkömmlichen Produkten vergleichen.
  b) Die Produktnamen können also nur mit dem Zusatz „light" relativ beliebig ausgeschmückt werden. Bei den Begriffen „Bio" und „Öko" ist die Verwendung, wie bereits unter a) genannt, gesetzlich geregelt.

9 a) Den **Blauen Engel** gibt es zu unterschiedlichen Produktgruppen mit entsprechend unterschiedlichen Anforderungen. Produkte, die dieses Label tragen sind unter Umweltgesichtspunkten „besonders empfehlenswert".
Im Folgenden werden beispielhaft die Vergabekriterien für tragbare Computer (Notebooks, Netbooks und Tablet-PCs) genannt: Das Produkt muss

- ergonomisch,
- langlebig sein,
- sich gut aufrüsten und
- energiesparend,
- wenig Schadstoffe ausdünsten,
- gut recyceln lassen.

  b) Das **Ecolabel** (Euroblume) gibt es ebenfalls zu unterschiedlichen Produktgruppen. Produkte, die dieses Label tragen sind unter Umweltgesichtspunkten ebenfalls „besonders empfehlenswert".
Hier seien beispielhaft die Vergabekriterien für Allzweck- und Sanitärreiniger herausgegriffen. Das Produkt darf

- Grenzwerte für giftige Inhaltsstoffe nicht überschreiten,
- nur waschaktive Substanzen (Tenside) enthalten, die biologisch leicht abbaubar sind,
- bestimmte gefährliche, schädliche oder giftige Stoffe gar nicht enthalten.

10 Auf der Website **www.lebensmittelklarheit.de** können Verbraucher Fragen zur Kennzeichnung von Lebensmitteln und der Einhaltung von Vorschriften stellen. Die Webseite wird vom Verbraucherzentrale Bundesverband mit finanzieller Unterstützung des zuständigen Bundesministeriums verantwortet. Dabei geht es häufig um Grenzfälle bei der Verbrauchertäuschung. Interessant sind auch die vielen auf der Seite vorgestellten Produkte, bei denen der Hersteller tatsächlich Korrekturen, Veränderungen bzw. Verbesserungen vorgenommen hat. Die Beispiele sind eine gute Übung, sich die Angaben sehr genau anzuschauen und sich nicht einfach mit den Tatsachen zufriedenzugeben. Um welche Produkte es im Einzelnen geht, ist natürlich vom aktuellen Zeitpunkt der Recherche abhängig.

11 Die Website www.nachhaltig-einkaufen.de wird von der VERBRAUCHER INITIATIVE e.V. verantwortet und wird bei bestimmten Projekten vom jeweils zuständigen Bundesministerium unterstützt.
  a) Unter **Nachhaltigkeit** versteht man grundsätzlich eine Entwicklung, die den Bedürfnissen der jetzigen Generation entspricht, ohne dass die Möglichkeiten nachfolgender Generationen gefährdet werden. Für den Konsum bedeutet das im Wesentlichen:
- Einkauf von klimafreundlichen und stromsparenden Produkten,
- Achten auf umweltfreundliche Produkte (bei Herstellung, Transport, Nutzung und Entsorgung),

- Achten auf die artgerechte Haltung von Tieren,
- faire und sozial gerechte Arbeits- und Lebensbedingungen für diejenigen, die die Produkte für uns herstellen.

b) **Corporate Social Responsibility (CSR)** bedeutet zu Deutsch „sozial verantwortungsvolles unternehmerisches Handeln" und ist damit das Gegenstück zum nachhaltigen Konsum. Die VERBRAUCHER INITIATIVE e. V. hat „Zehn Leitlinien für eine verbrauchergerechte CSR-Kommunikation" erstellt, die als PDF-Datei heruntergeladen werden können. Es geht dabei im Wesentlichen darum, wie die Bereiche Ökonomie, Ökologie und Soziales bei allen Entscheidungen in der gesamten Wertschöpfungs- und Lieferkette beachtet werden können.

12 Beide **Karikaturen** zielen auf das Konsumverhalten jedes Einzelnen von uns ab. Dabei sollte jeder sich unbedingt bewusst machen, was sein Konsumverhalten in der Masse für Folgen hat bzw. haben kann. Hier einige Beispiele:
- Damit wir billige T-Shirts kaufen können, arbeiten Näherinnen in Entwicklungsländern unter z. T. menschenunwürdigen Arbeitsbedingungen; z. T. findet auch Kinderarbeit statt.
- Arbeiter in riesigen Obst- und Gemüseplantagen werden oft nicht fair bezahlt und/oder leiden/erkranken unter dem starken Einsatz von Pestiziden.
- Lange Transportwege für Waren belasten durch den hohen CO_2-Ausstoß das Klima.
- Damit der relativ hohe Fleischkonsum der Bundesbürger befriedigt werden kann, werden Tiere in Intensivtierhaltung (Massentierhaltung) möglichst schnell aufgezogen, was zulasten einer artgerechten Tierhaltung geht.

Zwar ist es richtig, dass der Einzelne allein meist nicht viel ausrichten kann, wenn aber bei vielen Menschen ein Bewusstseinswandel hin zu einem verantwortungsvolleren Konsum eintritt, kann sich sehr wohl Einiges zum Besseren wenden.

3.3 Verbraucherschutzgesetze (Lehrbuch S. 101)

1 Durch den **Wettbewerb** müssen sich Unternehmen bemühen, Waren und Dienstleistungen zu verbessern und günstiger anzubieten, um im Geschäft zu bleiben. Der Verbraucher profitiert davon durch niedrigere Preise und besseren Service.

2 a) Dies ist **zulässig**, wenn sich der Preis des Altautos genau bestimmen lässt (Preiswahrheit und Preisklarheit). Problematisch könnte es werden, wenn ein Kunde ein offensichtliches „Schrottauto" anbietet. In dem Fall könnte ein übertriebenes (und damit unzulässiges) Lockangebot vorliegen.
  b) Eine Zugabe ist **erlaubt**, wenn der Preis nicht in einem Missverhältnis zum Wert der Hauptware steht (§ 3 UWG).
  c) Telefonwerbung verstößt gegen die „guten Sitten" (Belästigung) und ist daher grundsätzlich **nicht zulässig**. Anders ist der Fall zu beurteilen, wenn es sich um eine regelmäßige Geschäftsbeziehung handelt und z. B. auf ein besonders günstiges Angebot aufmerksam gemacht werden soll.

3 a) Wenn die Lieferfrist mehr als vier Monate beträgt, ist der Preiserhöhungsvorbehalt **zulässig** (BGB § 309 Nr. 1).
  b) Eine solche Klausel ist **nicht wirksam** (BGB § 309 Nr. 10).

4 a) Wenn die Dame keine Belehrung über das **Widerrufsrecht** erhalten hat (d. h. die Frist beginnt gar nicht zu laufen), kann sie nach BGB § 355 (4) Satz 3 zeitlich unbegrenzt nach der Kaffeefahrt von ihrem Widerrufsrecht Gebrauch machen und die Decke zurückgeben.
  b) Da der Berufsanfänger den Vertreter selbst bestellt hat und es sich bei dem Geschäft um eine **Versicherung** handelt, gibt es kein Widerrufsrecht (BGB § 312 (3) Nr. 1).
  c) Es handelt sich um ein **Bagatellgeschäft** (BGB § 312 (3) Nr. 2). Da aber die Leistung nicht sofort erbracht wird, sondern gewissermaßen in „Raten" (Abo), besteht dennoch ein Widerrufsrecht. Ist die Schülerin nicht voll geschäftsfähig, kann der gesetzliche Vertreter seine Zustimmung verweigern.

5 Nach dem **Mängelhaftungsrecht** hat der Radfahrer Anspruch auf eine Reparatur oder ein neues Fahrrad. Nach dem **Produkthaftungsgesetz** haftet der Hersteller für die Behandlungskosten und alle anderen aus dem Unfall entstandenen Kosten.

3.4 Folgen von Zahlungsverzug (Lehrbuch S. 105)

1 Bei **außergerichtlichen Mahnungen** ist die **Formulierung** wichtig, da der Kunde durch einen unhöflichen Text leicht verärgert werden und dann zur Konkurrenz gehen könnte. Daher sollte man den Kunden nicht gleich mit einer Mahnung erschrecken, sondern ihm eine höflich formulierte Erinnerung schicken. Weitere Erinnerungen/Mahnungen können dann mit sich steigerndem Nachdruck formuliert werden.

2 **Inkassofirmen** kümmern sich selbstständig um das Bezahlen der Forderungen. Dadurch nehmen sie den Unternehmen viel Arbeit ab. Der Nachteil ist aber, dass bei Zahlungsverzug dem Kunden die Inkassogebühren in Rechnung gestellt werden, was diesen sicher verärgert. Nach eigenen vergeblichen Mahnungen kann die Einschaltung eines Inkassounternehmens aber durchaus einen erhöhten Druck bedeuten, damit der Kunde endlich zahlt.

3 Die Zuständigkeit für den Verbraucherschutz ist durch die Umstellung der Ressortzuschnitte Ende 2013 dem Justizministerium (BMJV) zugeordnet worden. Solange jedoch keine vollständige Umstellung der Inhalte auf den Webseiten erfolgt, findet man die Information zu dieser Frage unter www.bmel.de/DE/Verbraucherschutz/Markt-Recht/_Texte/Internet-Kostenfallen.html (ggf. über Suchfunktion oder allgemein nach „**Kostenfalle Internet**" suchen).
Hier die wesentlichen Punkte:
- Auf alle Fälle sollte man einen kühlen Kopf bewahren und versuchen, den Sachverhalt zunächst aufzuklären.
- Im „Gesetz zum besseren Schutz der Verbraucherinnen und Verbraucher vor Kostenfallen im elektronischen Geschäftsverkehr" (Änderung zu BGB § 312 g) ist die sogenannte Button-Lösung vorgeschrieben, d. h. dem Verbraucher muss eindeutig klar sein, dass ein kostenpflichtiger Vertrag abgeschlossen werden soll, indem er die zahlungspflichtige Bestellung ausdrücklich bestätigen muss.
- Ggf. muss die Forderung zurückgewiesen werden und der Vertrag widerrufen werden (am besten mit Einschreiben).
- Bei unberechtigten gerichtlichen Mahnbescheiden möglichst sofort Widerspruch einlegen.
- Ggf. eine Verbraucherzentrale oder einen Rechtsanwalt zurate ziehen.

4 Der Gläubiger (Verkäufer) muss den Erlass eines **Mahnbescheids** beim Amtsgericht beantragen. Der Mahnbescheid wird dem Schuldner von Amts wegen zugestellt. Legt der Schuldner Widerspruch ein, kommt es zu einem streitigen Verfahren vor Gericht.

5 Der **gerichtliche Mahnbescheid** wird vom Gericht zwar nicht geprüft, er unterstreicht aber die Ernsthaftigkeit der Forderung. Das Gericht sorgt dafür, dass der Schuldner auf die Mahnung des Gläubigers reagiert und es zu einer Einigung oder einem verbindlichen Urteil kommt. Ohne gerichtlichen Mahnbescheid könnte der Gläubiger nichts gegen den Schuldner ausrichten. Leider aber gibt es zu viele Streitigkeiten, um eine Kontrolle jedes Anspruchs durch das Gericht zu ermöglichen.

6 Erhebt der Antragsgegner keinen Widerspruch, so wird ein **Vollstreckungsbescheid** ausgestellt, der dann zur **Zwangsvollstreckung** führt. Legt er aber gleich nach Erhalt des Mahnbescheids Widerspruch ein, dann prüft das Gericht den Anspruch des Gläubigers und fällt ein verbindliches Urteil. Deshalb ist es besser, nur dann Widerspruch einzulegen, wenn man die Ansprüche des Gläubigers als unberechtigt ansieht.

7 Das Gericht versucht, die beiden Gegner zu einer Einigung zu bewegen, mit der beide einverstanden sind. Ein solcher **Vergleich** führt eher zur Zufriedenheit beider Parteien als der Urteilsspruch des Richters.

8 a) • **(Wert-)Gegenstände**, die nicht unmittelbar zur Berufsausübung benötigt werden, können beschlagnahmt bzw. sofort mitgenommen werden.
• **Lohn bzw. Geldbeträge**, die über den Beträgen der Pfändungstabelle liegen, können eingezogen werden.

b) „**Kuckuck**" ist die umgangssprachliche Bezeichnung für ein amtliches Pfandsiegel auf großen sperrigen Sachen (früher war ein Adler auf der Pfandmarke abgebildet). Dadurch wird öffentlich dokumentiert, dass eine Sache, die sich in Gewahrsam des Schuldners befindet, beschlagnahmt ist und verwertet werden kann (Verkauf, Versteigerung).

c) Bei einer **Vermögensauskunft** hat der Schuldner eine Liste mit allen ihm gehörenden Vermögensgegenständen zu erstellen und er muss die Richtigkeit und Vollständigkeit beeiden (Meineid ist strafbar). Anhand dieser Liste kann der Gläubiger sehen, ob er auf diesem Weg seine Forderung eintreiben kann.

9 a) Falls der Schuldner selbst von vornherein erklärt, dass er seine Schulden (aus welchen Gründen auch immer) nicht begleichen werde, kann eine sofortige **Klage** sinnvoll sein. Das gleiche gilt, wenn bekannt ist, dass der Schuldner wiederholt seine Schulden nicht beglichen hat. Die Entscheidung über das jeweilige Vorgehen liegt beim Gläubiger.

b) Die **Güteverhandlung** soll zu einer einvernehmlichen Beendigung eines Rechtsstreits führen. Das Gericht erörtert dabei mit beiden Parteien (Anwesenheitspflicht!) den Sach- und Streitstand und erörtert mit diesen Einigungsvorschläge.

c) Die **Beendigung eines Klageverfahrens** ist möglich durch:
• eine Einigung der beiden Parteien (Vergleich),
• ein Urteil durch den Richter nach Beweislage, wenn sich die Parteien nicht einigen können,
• eine Rücknahme der Klage, wenn sie aussichtslos erscheint,
• ein (Ver-)Säumnisurteil, wenn eine Partei nicht erscheint (bei unverschuldeter Verhinderung kann der Prozess vertagt werden).

10 *Umsetzung erfolgt individuell.*

HOT – Handlungsorientierte Themenbearbeitung Kapitel 3 (Lehrbuch S. 106)

a) Sarah konnte vor dem Kauf z. B. folgende **Informationsangebote** nutzen:
• Stiftung Warentest (test-Zeitschrift),
• Verbraucherzentrale,
• Radio-/Fernsehsendung (z. B. WiSo, PlusMinus),
• Zeitschriften (z. B. Sport & Fitness, Sport Magazin ...),
• Internet/Onlinedienste.

b) Die Firma SportTrimm ist laut ihren eigenen Angaben **erreichbar**:
• per Briefpost,
• per E-Mail,
• telefonisch,
• über das Internet.
• per Fax,

c) Das GS-Zeichen (Geprüfte Sicherheit) beruht auf dem Geräte- und Produktsicherheitsgesetz. Bei Einhaltung dieser Vorschriften kann man von einem **hohen Sicherheitsstandard** ausgehen. Darüber hinaus beteiligt sich der Hersteller an freiwilligen Institutionen, deren Ziel die Erhöhung der Sicherheit bei Sportgeräten ist.

d) Die Kunden haben eine gesetzliche Verjährungsfrist von zwei Jahren gegenüber dem Verkäufer; diese Frist kann nicht durch die **AGB** aufgehoben werden. Diese Regelung ist somit ungültig. Ein Materialfehler kann z. B. erst nach vier Monaten (also nach dem Zeitpunkt des Gefahrübergangs) auftreten (AGB auch in diesem Punkt ungültig!). Im letzten Abschnitt der AGB schließt die Firma die Produkthaftung aus. Dies ist laut Produkthaftungsgesetz aber ausdrücklich verboten.

e) Als erstes sollte Sarah sich bei der eigenen Bank erkundigen, bis zu welchem Betrag sie ihr Konto überziehen kann (Dispositionskredit) und wie hoch die Überziehungszinsen sind. Diese Zinsen sind zwar relativ hoch, dafür würde der **Kredit** aber bei der nächsten Überweisung der Ausbildungsvergütung schon wieder ganz oder teilweise getilgt. Sarah könnte natürlich auch bei ihrer Bank oder einer Teilzahlungsbank ein Anschaffungsdarlehen erhalten. Dabei sollte sie ggf. sehr genau die Rückzahlungsmodalitäten und insbesondere den Effektivzins vergleichen.

f) Die **Kreditangebote** sollte sich Sarah schriftlich geben lassen, ggf. auch mit einem Tilgungsplan. Die Auswertung durch Vergleich mit dem Dispositionskredit) könnte in Gruppenarbeit erfolgen. Weitere Kreditangebote kann sich im Internet anschauen. Dazu muss man in einer Suchmaschine nur den Begriff „Kredit" oder „Ratenkredit" eingeben. Auch auf den Homepages der Großbanken wird man im Internet fündig. Zum Teil muss man die Konditionen anfordern oder es gibt sogenannte „Kreditsimulatoren". Ein Beispiel nach www.zinsen-berechnen.de/kreditrechner.php:

Kreditbetrag	= 500,00 €
Nominalzins	= 8,5 %
Effektivzins	= 17,2 %
Bearbeitungsgebühr	= 20,00 €
Laufzeit	= 12 Monate
monatliche Rate	= 45,35 €
Zinsen + Gebühren gesamt	= 44,25 €
Gesamtaufwand	= 544,25 €

g) Die Rechtsprechung sieht dies als eine **überzogene Reaktion** der Bank. Eine Bestimmung in den AGB, die dieses Vorgehen festlegt, ist insoweit nichtig. Zuerst muss die Bank überhaupt auf die rückständige Rate hinweisen und ggf. eine Nachzahlungsfrist setzen.

h) In dem **Brief** sollte die Bank mit der obigen Begründung gebeten werden, die Kündigung rückgängig zu machen. Der Hinweis auf die inzwischen erfolgten Zahlungen sollte besonders hervorgehoben werden. Eine Begründung für den Zahlungsverzug kann – muss aber nicht – gegeben werden.

i) Aufgrund der **Mängelhaftung** (Gewährleistung) hat Sarah Anspruch auf eine Nachbesserung des Geräts. Im Prinzip müsste der Sachschaden an der Stehlampe aufgrund des Produkthaftungsgesetzes von der Firma übernommen werden. Da hier aber ein „Selbstbehalt" von 500,00 € gilt, geht Sarah leer aus. Die **Krankheitskosten** wegen der Verletzung zahlt die Krankenkasse. Da es sich aber um einen Unfall aus Produkthaftung handelt, hat die Krankenkasse Anspruch auf Erstattung der Kosten durch die Firma oder deren Versicherung.

Kapitel 4: Der Umgang mit Geld

4.1 Zahlungsmöglichkeiten (Lehrbuch S. 118)

1 a) Rechte: Wer ein Girokonto eröffnet hat, kann:
- am bargeldlosen Zahlungsverkehr teilnehmen,
- Daueraufträge erteilen,
- am Lastschriftverfahren teilnehmen,
- am Scheckverkehr teilnehmen,
- am EC-Service teilnehmen,
- die Aushändigung von Kontoauszügen verlangen,
- die Ausstellung einer Girocard und ggf. einer Kreditkarte verlangen,
- je nach vereinbartem Kreditlimit sein Konto überziehen,
- ggf. geringe Guthabenzinsen erhalten.

Pflichten: Der Kontoinhaber muss:
- sorgfältig im Umgang mit allen Bankangelegenheiten sein,
- Gebühren für laufende Buchungen, die Übersendung von Kontoauszügen, Scheckformulare und -karten und andere Serviceleistungen zahlen,
- Zinsen für die Kontoüberziehung zahlen,
- die Geheimhaltung von PINs und TANs garantieren,
- die Datenübermittlung an die SCHUFA dulden.

b) Auch **Minderjährige** können ein Konto eröffnen. Dafür gilt in der Regel Folgendes:
- Die Zustimmung der/des Erziehungsberechtigten muss vorliegen (vgl. Sorgerecht BGB § 1629).
- Minderjährige können ein Konto ohne elterliche Zustimmung im Rahmen eines Arbeitsverhältnisses (nicht aber Ausbildungsverhältnisses) eröffnen.
- I.d.R. können diese Konten nur als Guthabenkonten geführt werden, sind dafür aber meistens gebührenfrei.

c) Zahlungsempfänger **hat ein** Konto – Zahlungspflichtiger **hat kein** Konto (halbbar):
- Zahlschein
- Nachnahme

Zahlungsempfänger **hat kein** Konto – Zahlungspflichtiger **hat ein** Konto (halbbar):
- Barscheck
- Zahlungsanweisung

Zahlungsempfänger **hat ein** Konto – Zahlungspflichtiger **hat ein** Konto (bargeldlos):
- Überweisung/Dauerauftrag
- Verrechnungsscheck
- Onlinebanking
- Lastschrift
- Giro-/Kredit-/Geldkarte

d) Jeder Kontoinhaber hat gegenüber seiner Bank den Anspruch, dass sein Girokonto als **Pfändungsschutzkonto (P-Konto)** geführt wird. Auf einem solchen Konto kann der normale Zahlungsverkehr abgewickelt werden. Darüber hinaus bietet es jedoch bei Kontopfändung einen unbürokratischen Schutz: Beträge bis zu ca. 1.045,00 € pro Monat können nicht gepfändet werden, der Betrag erhöht sich bei Nachweis (z. B. durch Kindergeld). Die Umwandlung eines normalen Kontos in ein P-Konto muss bei der Bank – bzw. bei Neueröffnung sofort – entsprechend beantragt werden. Allerdings können auf einem P-Konto keine Geschäfte vorgenommen werden, die eine „Bonität" voraussetzen (z. B. Überziehung, Kreditkarte).

2 Folgende Risiken können bestehen:
- Der **Barscheck** kann nicht gedeckt sein, er kann verloren gehen und ggf. auch von einer unberechtigten Person eingelöst werden.
- Zwar könnte es auch beim **Verrechnungsscheck** passieren, dass der Scheck nicht gedeckt ist, aber die Einlösung durch eine unberechtigte Person ist nicht möglich, da der Betrag auf dem Konto des Empfängers gutgeschrieben werden muss.
- **Reiseschecks** sind ein recht sicheres Zahlungsmittel und gegenüber Verlust oder Diebstahl versichert. Bei Verlust können sie kurzfristig ersetzt werden, sofern sich der Käufer der Schecks ausweisen kann und angeben kann, welche Schecks verloren gegangen sind und welche schon eingelöst wurden (deswegen Seriennummern und Einlösungen notieren).

3
- Eine **Überweisung** ist dann angebracht, wenn ein Betrag einmalig oder unregelmäßig in unterschiedlicher Höhe überwiesen werden muss (z. B. Rechnung für einen Möbelkauf, Zahnarztrechnung).
- Ein **Dauerauftrag** sollte dann erteilt werden, wenn Zahlungen regelmäßig und in immer gleicher Höhe erfolgen müssen (z. B. Miete, Zeitschriftenabonnement, Vereinsbeiträge etc.).
- Eine **Lastschrift** ist dann sinnvoll, wenn Zahlungen in unregelmäßigen Abständen und/oder in unterschiedlicher Höhe geleistet werden müssen (z. B. Telefongebühren, mtl. Energiekosten etc.). Natürlich kann auch für Beträge, die für eine Überweisung oder einen Dauerauftrag geeignet sind, ein Lastschriftmandat erteilt werden.

4 Für eine Girocard bestehen folgende Einsatzmöglichkeiten:
- **Barabhebung** am Geldautomaten (GAA),
- Ausdruck von **Kontoauszügen** in einer Bankfiliale,
- **bargeldloses Bezahlen** im Handel an der Kasse mit **PIN** oder mit **Unterschrift** (damit der Händler ggf. über die Bank an die Adresse des Kunden kommt),
- bargeldlose Zahlung von Kleinbeträgen durch Nutzung der **Geldkarten- oder girogo-Funktion**.

5 a) Beim Einkauf mit **Kreditkarte** muss man einen Kaufbeleg unterschreiben (die Unterschrift wird anhand der Karte überprüft) oder die persönliche Geheimzahl (PIN) eingeben. Das Vertragsunternehmen schickt den Beleg an die Kreditkartenorganisation zur Abrechnung und erhält das Geld. Monatlich werden alle gesammelten Belege vom Konto des Kreditkarteninhabers abgebucht.

b) Vorteile: Mit einer Kreditkarte kann man jederzeit bezahlen, ohne Bargeld mit sich tragen zu müssen. Die Bezahlung mit Kreditkarten ist zudem sehr einfach und schnell. Mit Kreditkarten kann man auch dann einkaufen, wenn gerade kein Geld auf dem Konto ist, da die Abrechnung nur einmal im Monat erfolgt. Kreditkarten haben aber auch **Nachteile**: Sie kosten ca. 25,00 bis 75,00 € im Jahr und bei Verlust der Kreditkarte liegt der Eigenanteil bei 50,00 €. Leider kommt es auch immer wieder zu Missbrauch mit Kreditkarten. Zudem kann es sehr leicht zu finanziellen Schwierigkeiten kommen, wenn man nicht genau Buch darüber führt, was mit der Kreditkarte bezahlt wurde. Am Ende des Monats kann die Überraschung bei der Abrechnung sonst groß sein.

6 a) • **IBAN** ist die internationale Kontonummer (die sich in Deutschland im Wesentlichen aus der Bankleitzahl und der Kontonummer zusammensetzt).
• **BIC** ist die internationale Bankleitzahl der jeweiligen Bank (sie wird nur noch bis Januar 2016 benötigt).
• **TAN** ist eine Transaktionsnummer, die bei Onlineüberweisungen als Ersatz für eine Unterschrift benötigt wird.
• **PIN** ist die persönliche Identifikationsnummer bei Einsatz einer Girocard/Kreditkarte oder beim Onlinebanking.

b) Für die Übermittlung einer TAN an den Bankkunden (als Unterschriftersatz) werden unterschiedliche Verfahren eingesetzt, die sich in Handhabung und Sicherheit unterscheiden:
• **iTAN**: Bei diesem Verfahren erhält der Bankkunde, wie auch beim einfachen TAN-Verfahren, eine gedruckte Liste mit TAN-Nummern per Post zugeschickt. Der Unterschied zum einfachen TAN-Verfahren besteht darin, dass die Liste indiziert ist, d. h. vor jeder TAN-Nummer steht eine fortlaufende Zahl. Für eine Überweisung erhält man von der Bank eine bestimmte Indexnummer und muss dann die dieser Zahl zugeordnete TAN verwenden.
• **eTAN**: Bei diesem Verfahren wird die TAN mit einem TAN-Generator erzeugt, der ähnlich aussieht wie ein kleiner Taschenrechner. Für die Erzeugung der TAN gibt es verschiedene Verfahren und Gerätetypen: Bei manchen Generatoren muss die Girocard mit den auf dem Chip gespeicherten Daten eingeschoben und eine PIN eingegeben werden, während andere Geräte ein Grafikbild („Flickergrafik") vom Computerbildschirm mit den benötigten Überweisungsdaten einlesen und anschließend die TAN erzeugen.
• **mTAN**: Bei diesem „Zwei-Wege-Verfahren" schickt man via Onlinebanking einen Bankauftrag an die Bank (1. Weg Internet) und erhält kurz darauf von der Bank eine individuell erzeugte TAN per SMS auf sein Mobiltelefon (2. Weg Mobilfunk), die man anschließend eingeben muss, um den Auftrag zu bestätigen.

7 Die **Geldkarte** oder die **Girocard mit girogo-Funktion** sind im Münzgeldbereich einsetzbar; es ist keine Bonitätsprüfung notwendig. Die **Girocard** ist für größere Einkäufe und die **Kreditkarte** im gehobenen Anschaffungs- und Konsumbereich besonders gut geeignet. Bei beiden ist eine Bonitätsprüfung (SCHUFA) erforderlich.

8 a) Barzahlung, Zahlung mit Girocard und Geheimzahl bzw. Unterschrift auf Lastschriftbeleg oder ggf. auch mit Kreditkarte wäre möglich. Die Zahlung mit Bar- oder Verrechnungsschecks wäre prinzipiell auch denkbar, würde aber in den meisten Fällen durch den Verkäufer wohl nicht akzeptiert.
b) Für die Begleichung einer Rechnung ist die Überweisung üblich – dies wäre auf einem Überweisungsformular oder über Onlinebanking möglich. Es könnte auch ein Verrechnungsscheck geschickt werden.
c) Die Barzahlung ist kostenlos. Die Scheckformulare kosten Gebühren und ebenso die Girocard oder die Kreditkarte. Je nach Bank fallen noch Buchungsgebühren für jeden Zahlungsvorgang an. Telefon- und Onlinebanking sind bei vielen Banken (zurzeit noch) weitgehend gebührenfrei.

9 a) Onlinebanking: Abwicklung von Bankgeschäften über eine Internetverbindung per PC, Smartphone oder mithilfe anderer internetfähiger elektronischer Endgeräte.
b) E-Payment: Dies sind Bezahlverfahren mit denen im Internet einfach, sicher und schnell Bezahlvorgänge abgewickelt werden können. Die Bezahlung erfolgt dabei meistens über einen Vermittler (z. B. PayPal, ClickAndBuy, GiroPay), dem der Kunde erlaubt, den zu zahlenden Betrag nachträglich von seinem regulären Bankkonto abzubuchen.

4.2 Kaufkraftschwankungen (Lehrbuch S. 125)

1 a) Unter der **Kaufkraft des Geldes** versteht man die Gütermenge, die man mit einer bestimmten Geldmenge kaufen kann.
b) Steigt das **Preisniveau**, dann fällt die **Kaufkraft**. Sinken die Preise hingegen, kann man mehr für sein Geld kaufen, die Kaufkraft steigt also. Die beiden Größen verhalten sich also umgekehrt proportional zueinander.
c) Bei der **Kaufkraft eines bestimmten Haushalts** kommt es natürlich darauf an, **was** der „persönliche Warenkorb" dieses Haushalts alles enthält. Wer kein Auto hat braucht keine teuren Reparaturen und kein teures Benzin zu kaufen, d. h. er kann sich dafür (mehr) andere Güter leisten. Wer umgekehrt teure (Luxus-) Güter kauft, kann sich dafür bei einem bestimmten Einkommen weniger andere Güter leisten.

2 Paul bekam als Kind für 1,00 € zwei Eiskugeln, heute bekommt er für den gleichen Preis nur noch eine Eiskugel, d. h. der Preis für eine Kugel ist von 0,50 € auf 1,00 € gestiegen, mit anderen Worten um **100 %**. Umgekehrt ist die Kaufkraft von 1,00 € von zwei Eiskugeln auf eine Eiskugel, also um **50 %** gesunken. Man kann auch sagen: der Preis hat sich verdoppelt (also x 2), die Kaufkraft hat sich halbiert (also x ½). Wie man an diesem Zahlenbeispiel sieht, sind Preis und Kaufkraft umgekehrt proportional zueinander.

3 a) Für die **Berechnung des VPI** werden vom Statistischen Bundesamt in Wiesbaden monatlich über 300.000 Preise verschiedener Güter erfasst und in Gruppen zusammengefasst. Je nachdem, wie hoch der Ausgabenanteil für eine Warengruppe ist, wird sie entsprechend dem Wägungsschema mit einem bestimmten Prozentsatz gewichtet. Die Zusammenfassung aller Werte ergibt den Preis für den Warenkorb, der dann mit den Werten der Vormonats oder des Vorjahres verglichen werden kann.

b) Das Verbraucherverhalten ändert sich und es kommen neue oder geänderte Waren auf den Markt. Der **Warenkorb** soll den aktuellen Durchschnittsverbrauch einer Musterfamilie darstellen und wird laufend aktualisiert. Damit aber die reine Preisentwicklung festgestellt werden kann, wird das **Wägungsschema** (Anteile der Warengruppen im Warenkorb) jeweils für einen Zeitraum von fünf Jahren festgehalten.

4 a) Den **persönlichen Inflationsrechner** findet man am Ende der Homepage des StBA unter der Rubrik STATISTIK ANSCHAULICH. In der interaktiven Grafik kann man die „persönlichen Gewohnheiten" einstellen (damit ist nicht anderes gemeint, als der Anteil einer Ware im eigenen Warenkorb, also das persönliche Wägungsschema). Außerdem kann man den Index für bestimmte Güter im Vergleich zum VPI veranschaulichen.

b) Das **Preis-Kaleidoskop** findet man ebenfalls am Ende der Homepage des StBA unter der Rubrik STATISTIK ANSCHAULICH. Um das Kaleidoskop herum sind die Hauptkategorien des Warenkorbs mit ihrem jeweiligen Anteil im Warenkorb aufgeführt. Fährt man mit der Maus über die kleineren Flächen, so werden die Untergruppen mit ihrem jeweiligen Anteil angezeigt.
- Die Größe der Fläche gibt in etwa den Anteil im Warenkorb wieder.
- Die Farbe der Fläche zeigt gemäß der Legende an, ob die Ware gegenüber dem Vormonat preiswerter oder teurer geworden ist oder gleich geblieben ist.

Die genaue Beantwortung der Fragen hängt natürlich vom Zeitpunkt der Betrachtung ab.

5 Von **Inflation** spricht man, wenn das allgemeine Preisniveau (gemessen z. B. am VPI) über längere Zeit ansteigt (dies ist gleichbedeutend mit einer Abnahme der Kaufkraft des Geldes).

Umgekehrt liegt eine **Deflation** vor, wenn das allgemeine Preisniveau stetig und dauerhaft sinkt. Dies ist dann der Fall, wenn die gesamtwirtschaftliche Nachfrage geringer ist als das Angebot.

6 Mögliche Ursachen für eine Inflation auf der **Nachfrageseite**:
- hohe Nachfrage bei den privaten Haushalten (Konsum),
- hohe Investitionen bei den Unternehmen,
- hohe Staatsausgaben, womöglich auf Kredit,
- starke Nachfrage aus dem Ausland (wegen preisgünstiger Güter und hoher Güterqualität).

Auf der **Angebotsseite** können es diese Ursachen sein:
- hohe Arbeitskosten (Druck von Gewerkschaften),
- hohe Zinsen (Zinsniveau ist abhängig von der Währungspolitik der EZB),
- hohe Energie- und Rohstoffkosten,
- Preiserhöhungen durch die Unternehmen,
- Erhöhung der staatlich administrierten Preise (Gebühren, Steuern).

7 Mögliche Auswirkungen einer Inflation:
- Die **Spareigung** geht tendenziell zurück, da das Geld durch die Inflation weniger wert wird. Stattdessen findet eine Flucht in Sachwerte (z. B. Immobilien) statt. Die Nachfrage nach Konsumgütern (**Konsumneigung**) geht ebenfalls zurück, da die Kaufkraft sinkt (die Bevölkerung kann sich weniger leisten).
- Das **Zinsniveau** steigt tendenziell an, damit der Zinssatz über der Inflationsrate liegt – sonst erleiden die Besitzer von Geldvermögen reale Verluste.
- Die Unternehmen werden sich bei **Investitionen** eher zurückhalten, da die Absatzlage ungewiss ist.

- Die Gewerkschaften werden mit dem Hinweis auf die gesunkene Kaufkraft versuchen, höhere **Lohnforderungen** durchzusetzen.

4.3 Das europäische Währungssystem (Lehrbuch S. 129)

1 a) In **18 europäischen Ländern** ist der Euro gesetzliches Zahlungsmittel (siehe die grün unterlegten Länder auf der Europakarte im Lehrbuch auf S. 126).

b) Von den übrigen zehn Ländern der EU sind **acht Länder verpflichtet**, den Euro einzuführen, sobald sie die Konvergenzkriterien erfüllen. Allerdings ist Schweden absichtlich nicht dem WKM II beigetreten und verhindert dadurch noch die Einführung des Euro, was von der Europäischen Kommission zurzeit noch geduldet wird. Dänemark und Großbritannien haben hingegen vertragliche Sonderkonditionen mit der EU ausgehandelt und sind nicht verpflichtet, den Euro einzuführen.

2 a) Der **Euro** wurde 1999 als Buchgeld und 2002 auch als Bargeld eingeführt.

b) Vorteile des Euro für die **Bürger**:
- Erleichterung der Preisvergleiche im Ausland (größere Preistransparenz),
- Erleichterung des bargeldlosen Zahlungsverkehrs und Vereinheitlichung der Zahlungsmodalitäten,
- Sicherung der Preisstabilität durch die EZB (niedrigere Zinsen),
- kein Umtausch mehr bei Reisen in die Länder der EWWU (keine Umtauschgebühren, kein Wechselkursrisiko),
- Euro als „greifbares" Symbol der europäischen Einigung.

c) Die Vorteile für die Bürger gelten weitgehend auch für Unternehmen, zusätzlich kommt für die **Unternehmen** hinzu:
- Wirtschaftsbeziehungen der beteiligten Länder sollen stabilisiert werden (Stärkung des europäischen Binnenmarkts),
- Wettbewerbsverzerrungen durch Wechselkurse sollen verhindert werden,
- Vereinfachung des innereuropäischen Handels, kein Wechselkursrisiko bei grenzüberschreitenden Investitionen.

d) Aus **weltwirtschaftlicher Sicht**:
- verhilft der Euro der EU zu mehr wirtschaftlichem und politischem Gewicht,
- gilt der Euro als Alternative zum US-Dollar und Yen (Teilung der weltweiten Leitwährungsrolle).

3 Auf der Website des Bundesfinanzministeriums findet man die Motive für die **Euromünzen** unter dem Suchbegriff „Euromünzen" oder alternativ unter Themen/Europa/Euro auf einen Blick/Euromünzen & Euroscheine.
Auf der **Vorderseite** der Münzen sind die Motive in allen Euroländern einheitlich und zwar wird die Landkarte der Europäischen Union in unterschiedlicher Gestalt gezeigt:
- geografische Lage Europas in der Welt auf den 1-, 2- und 5-Cent-Münzen,
- Europa als ein Bund einzelner Nationen auf den 10-, 20- und 50-Cent-Münzen,
- Europa ohne Grenzen auf den 1- und 2-Euro-Stücken.

Auf der **Rückseite** (Flagge anklicken!) sind in **Deutschland** folgende Motive dargestellt:
- 1-, 2- und 5-Cent-Münzen: Eichenlaubblatt,
- 10-, 20- und 50-Cent-Münzen: Brandenburger Tor,
- 1- und 2-Euro-Münze: Bundesadler.

Die Motive der anderen Euroländer können durch Anklicken des jeweiligen Landes erkundet werden.
Die Motive der **Euroscheine** können auf gleiche Art wie die Euromünzen gefunden werden (siehe oben). Im Gegensatz zu den Münzen sind die Banknoten (zu 5, 10, 20, 50, 100, 200 und 500 Euro) im gesamten Eurogebiet einheitlich. Auf der Vorderseite der Scheine sind Fenster und Tore abgebildet, die den „Geist der Offenheit und Zusammenarbeit in der EU" symbolisieren sollen. Die Rückseite zeigt jeweils eine Brücke aus einer bestimmten Stilepoche als Sinnbild der Völkerverbindung innerhalb Europas und zur restlichen Welt. Es handelt sich jeweils um stilisierte Grafiken und nicht um Denkmäler bestimmter Länder.

4 a) Sitz der EZB ist **Frankfurt a.M.**
b) Präsident ist der italienische Bankmanager und Wirtschaftswissenschaftler **Mario Draghi** (seit 2011).

c) Das **Eurosystem** ist eine Organisation der Europäischen Währungsunion und setzt sich zusammen aus der EZB und den nationalen Zentralbanken der Länder, die den Euro eingeführt haben.
d) Die grundlegenden **Aufgaben** des Eurosystems sind:
- Festlegung und Ausführung der Geldpolitik,
- Durchführung von Devisengeschäften,
- Förderung des reibungslosen Funktionierens der Zahlungssysteme,
- Verwaltung der offiziellen Währungsreserven.

5 a) Folgende **Konvergenzkriterien** müssen die Länder erfüllen, die den Euro einführen wollen/müssen (Details in der Tabelle im Lehrbuch auf S. 128):
- gesunde Staatsfinanzen,
- wirtschaftliche Konvergenz,
- stabile Wechselkurse,
- stabiles Preisniveau.

b) Länder, die den Euro **bereits eingeführt haben**, müssen weiterhin das Kriterium „gesunde Staatsfinanzen" (Haushaltsstabilität) erfüllen, d. h.:
- Haushaltsdefizit maximal 3 %,
- Staatsschulden maximal 60 % des BIP.

Von dieser Regelung gibt es Ausnahmen: So hat auch Deutschland wiederholt dagegen verstoßen mit der Begründung, dass die Belastungen durch die Wiedervereinigung bewältigt werden müssten.

6 Sehr ausführliche und verständliche Ausführungen zu diesem Aufgabenkomplex findet man auf der „Spezialseite" des Bundesfinanzministeriums unter www.stabiler-euro.de.
a) Der ESM (siehe 6b) umfasst ein Kreditvolumen von insgesamt **700 Mrd. Euro** (davon sind von den Mitgliedsländern als Startkapital 80 Mrd. eingezahlt und 620 Mrd. sind abrufbares Kapital bzw. Garantien).
b) Die folgenden Vereinbarungen zwischen den Ländern der Eurozone sind beide Teil des Euro-Rettungsschirms:
- **ESM** = Europäischer Stabilitätsmechanismus (damit sollen überschuldete Mitgliedsstaaten **dauerhaft** durch Notkredite und Bürgschaften unterstützt werden)
- **EFSM** = Europäischer Finanzstabilisierungsmechanismus (wurde geschaffen, um Griechenland, Portugal und Irland **kurzfristig** aus der größten Not zu helfen)

c) Euroländer, die in finanzielle Schwierigkeiten geraten, können den Euro-Rettungsschirm in Anspruch nehmen, müssen aber strenge Auflagen erfüllen. Zahlen müssen dies alle Euroländer gemeinsam, wobei sich der Anteil der einzelnen Länder nach der Wirtschaftsleistung (BIP) bemisst. Deutschland trägt mit ca. 27 % den größten Anteil.
d) Dieser Satz stammt von der deutschen Bundeskanzlerin Merkel. Damit wollte sie der Skepsis in der Bevölkerung gegenüber dem Rettungsschirm entgegentreten.

7 Alle **Zitate** stammen aus der Zeit, als der Euro eingeführt werden sollte, bzw. gerade eingeführt worden war:
a) Die Aussage von Greenspan (weltweit anerkannter Währungsspezialist) bringt seine große Skepsis hinsichtlich eines langfristigen Bestands des Euro zum Ausdruck.
b) Der ehemalige Chef der EZB Trichet betont die seiner Ansicht nach größere Stabilität der Gemeinschaftswährung im Vergleich zu den jeweiligen Einzelwährungen. Für Deutschland trifft seine Aussage zu, da der Euro mindestens so stabil ist, wie es die DM war.
c) Die Aussage Junckers besagt, dass der Euro nicht nur als Zahlungsmittel angesehen werden sollte, da zugleich auch völkerverbindende Effekte von ihm ausgehen.
d) Nachdem der Euro zunächst nur als Buchgeld eingeführt wurde (auf Eurokonten, Überweisungen etc.), hielten die Bürger den Euro (Münzen und Banknoten) 2002 tatsächlich in Händen – und eine Währung hat eben auch eine „emotionale Komponente" (positiv, wenn es gut läuft; ablehnend, wenn Probleme auftreten).

4.4 Der Außenwert des Geldes (Lehrbuch S. 136)

1 a) Laut der Grafik im Lehrbuch auf S. 130 ist vor allem in den süd-ost-europäischen Ländern der **Urlaub** günstiger als im EU-Durchschnitt; demgegenüber ist er in den nordischen Ländern sehr viel teurer.
b) Die Unterschiede der **Kaufkraft** erklären sich hauptsächlich durch den Lebensstandard, den sich die Bevölkerung eines Landes jeweils erarbeitet hat (Wettbewerbsfähigkeit, Lohnniveau, Konsumgewohnheiten).

2 a) Preisnotierung: Der Wechselkurs gibt den Preis für eine Einheit oder 100 Einheiten der Auslandswährung in € an.

b) Mengennotierung: Der Wechselkurs gibt an, wie viele (Mengen-)Einheiten der Auslandswährung einem Euro entsprechen.

3 Der **Geldkurs/Ankaufskurs** wird angewendet, wenn die Bank Sorten/Devisen verkauft; d. h. die Bank „kauft" Euro vom Kunden an und dieser erhält dafür ausländische Zahlungsmittel.
Will der Kunde umgekehrt ausländische Zahlungsmittel an die Bank zurückgeben, so kauft die Bank diese zum **Briefkurs/Verkaufskurs** an; d. h. die Bank „verkauft" Euro und nimmt das ausländische Geld entgegen.

4 Wird ein **Verkaufskurs** von 1,3039 € (Preisnotierung laut Lehrbuch S. 131) zugrunde gelegt, so gilt:
1,00 £ = 1,3039 €
500,00 £ = x €
x = 1,3039/1 · 500,00 = 651,95 €
Der Tourist muss in diesem Fall 651,95 € in £ umtauschen.

5 a) Die **Wechselkurse** sind generell von Angebot und Nachfrage nach einer Währung abhängig. Diese wiederum hängen vom Import, dem Export, dem Tourismus, von Spekulationsgeschäften, unterschiedlichen Wirtschaftsdaten und politischen wie wirtschaftlichen Turbulenzen ab.

b) Feste Wechselkurse vereinfachen den Handel, da Wirtschaftsunternehmen besser kalkulieren können. Schließt ein Unternehmen bei freien Wechselkursen ein Geschäft in einer fremden Währung ab, so kann der Preis nicht im Voraus festgelegt werden, sondern hängt vom Tageskurs am Zahltag ab. Für Geschäfte im großen Rahmen kann das u. U. sehr hohe Verluste bedeuten.

c) Die **Notenbank** kann Einfluss auf den Wechselkurs nehmen, indem sie selbst als Nachfrager oder Anbieter mit **Devisen** handelt. Ist z. B. der Wechselkurs für Schweizer Franken (sfr) zu hoch, so werden diese von der Notenbank verkauft und damit das Angebot erhöht. Dadurch sinkt der Kurs wieder. Auf der anderen Seite wird durch den Ankauf von sfr der Kurs wegen der erhöhten Nachfrage steigen.
Über die **Zinsen** kann eine Notenbank den Wechselkurs ebenfalls beeinflussen: Erhöht sie den Zins, führt dies zu einer Aufwertung der Währung, da diese auf den internationalen Kapitalmärkten entsprechend attraktiver wird. Umgekehrt können niedrigere Zinsen zu einer Abwertung führen.

6 Im ersten Jahr der Einführung des Euro (2002) lag der **Kurs des Euro** gegenüber dem Dollar unter 1,00 $. Dieser Kurs hat sich in den folgenden Jahren immer mehr verbessert und liegt in dem im Lehrbuch auf S. 133 abgebildeten Chart bei durchschnittlich 1,35 $. Das Auf und Ab ist Ausdruck der wirtschaftlichen Verhältnisse (Konjunktur, Eurokrise etc.).

7 Die **Importe eines Landes** müssen natürlich (an das Ausland) bezahlt werden. Das heißt, die Nachfrage nach ausländischer Währung steigt an und bei flexiblen Wechselkursen steigt der Kurs der ausländischen Währung. Das wiederum bedeutet, dass die Importe aus dem Ausland zurückgehen oder dass sich eine höhere Verschuldung gegenüber dem Ausland ergibt.

8
- Eine **Aufwertung** der inländischen Währung hat zur Folge, dass die Exporte zurückgehen (weil teurer) und damit im Inland Druck auf die Preise und Arbeitsplätze ausgeübt wird. Das bedeutet, dass das Preisniveau tendenziell sinkt und Arbeitsplätze gefährdet sind.
- Bei der **Abwertung** der inländischen Währung nehmen die Exporte zu und damit steigen im Inland tendenziell die Preise und der Grad der Beschäftigung.

9 Hat der Tourist sein **Urlaubsgeld** schon eingetauscht, so merkt er keine Veränderung in seiner Kaufkraft. Muss er aber noch weiteres Geld umtauschen, so bekommt er nun mehr ausländisches Geld für die Währung seines Ursprungslandes.

10 Die Aufgabe muss von den Schülern durchgeführt werden und das Ergebnis ist natürlich vom Zeitpunkt abhängig. Bei großen Abweichungen könnte nach Gründen für die Entwicklung gesucht werden.

Der im Buch angegebene **Währungsrechner** liefert nur einen Mittelkurs, bei anderen Währungsrechnern (z. B. bei www.reisebank.de/sortenkurse) werden auch die Kurse für An- und Verkäufe angezeigt.

4.5 Sparen und Sparförderung (Lehrbuch S. 148)

1 Einerseits ist **Sparen** für Notfälle und die Altersvorsorge für jeden einzelnen Bürger wichtig, auf der anderen Seite stehen die nicht konsumierten Beträge der Gesamtwirtschaft für Investitionen zur Verfügung (sofern das Geld nicht zu Hause im „Sparstrumpf" landet). Sparen ist insofern eine Investition in die Zukunft.

2 a) Bürger sparen, um sich einen bestimmten Wunsch zu erfüllen (**Zwecksparen**), um sich für Notsituationen abzusichern (**Vorsorgesparen**) oder um das Vermögen zu vergrößern (**Vermögensbildung**).
  b) *Individuell zu beantworten.*

3 a) Die meisten Bundesbürger werden schon als Kinder an das Sparen herangeführt (Sparschwein, Sparbuch/Sparkonto, Weltspartag). Außerdem ist das **Sparkonto** wohl noch die sicherste Geldanlage und das ist für die Deutschen ganz besonders wichtig.
  b) **Vorteile**: Beim Sparkonto kann man jederzeit über sein gespartes Geld verfügen. Bei Abhebungen über 2.000,00 € im Monat ist allerdings eine fristgemäße Kündigung notwendig. Möchte man also die Möglichkeit haben, relativ kurzfristig an sein Geld zu gelangen, bietet sich unter Umständen ein Sparkonto an. Auch ist eine hohe Sicherheit des Sparguthabens durch die Einlagensicherung gewährleistet.
  Nachteile: Auf der anderen Seite sind die Zinsen für das Gesparte im Vergleich zu anderen Anlageformen eher gering. Durch die Preissteigerung wird dieser nominale Zinssatz real noch verringert, weshalb das Sparkapital z. T. nicht erhalten bleibt. Der niedrige Zins auf dem Sparbuch wird mit der sehr hohen Sicherheit (risikolos) erkauft.

4 a) Der Zinssatz bei **Sparbriefen** ist i. A. höher als beim Sparbuch. Außerdem sind Sparbriefe eher als längerfristige Geldanlage gedacht, da sie in der Regel nicht vor Ende der Laufzeit eingelöst werden können.
  b) Bei einem verzinslichen Sparbrief (**Typ V**) muss der Nennbetrag sofort in voller Höhe eingezahlt werden, die während der Laufzeit anfallenden Zinsen werden laufend ausgezahlt und stehen dem Käufer zur freien Verfügung. Beim abgezinsten Sparbrief (**Typ A**) werden dagegen die anfallenden Zinsen dazu genutzt, das niedrigere Anfangskapital bis zum Nennbetrag aufzufüllen.

5 a) • **Festzinsanleihen** gehören zu den Anlageformen, bei denen ein fester Zinssatz garantiert ist. Der Sparer kauft für sein Geld das Wertpapier und erhält Zinsen. Einige Festzinsanleihen kann man schon vor Ende der Laufzeit wieder verkaufen, bei anderen ist man an eine vorher festgelegte Zeit gebunden.
  • **Aktien** werden von Unternehmen ausgegeben. Mit ihnen kann man sich einen Anteil an einem Unternehmen kaufen. Es wird bei Aktien keine Dividende garantiert, da diese vom Erfolg des Unternehmens abhängig ist. Die An- und Verkaufskurse der Aktien ändern sich jeden Tag, was weitere Möglichkeiten zum Gewinn eröffnet. Aktien eignen sich nicht als Wertanlage, wenn man auf sein Geld angewiesen ist. Neben den Gewinnchancen gibt es auch die Möglichkeit, sein ganzes Geld zu verlieren.
  • **Investmentzertifikate** sind eine etwas sicherere Anlagemöglichkeit. Ein Anlageausschuss kauft Wertpapiere von verschiedenen Wirtschaftszweigen und bildet damit das Fondsvermögen. Kauft ein Kunde nun Investmentzertifikate, so hat er Anteile an vielen verschiedenen Aktien. Dadurch ist das Risiko nicht so hoch.

b)

	Vorteile	Nachteile
Festzinsanleihe	gleichbleibende Zinszahlung	Zins eher gering
Aktie	• doppelte Gewinnchancen durch mögl. Kurssteigerung und Dividende • kann jederzeit an der Börse verkauft werden	• hohes Risiko • ggf. Totalverlust
Investmentzertifikat	• gute Risikostreuung im Fonds • hohe Liquidität, da jederzeit verkäuflich	Kosten des Fonds schmälern Zins

6 Der **D**eutsche **A**ktieninde**x** DAX ist ein Index, in den die börsentäglichen Aktienkurse der 30 größten deutschen Aktiengesellschaften einfließen. Das Chart (im Lehrbuch auf S. 141) zeigt im Verlauf der letzten dreißig

Jahre eine enorm positive Entwicklung. Bei der Interpretation des Charts muss berücksichtigt werden, dass die Abstände auf der Y-Achse (Indexwert) nicht gleichmäßig zunehmen, sondern sich exponentiell in jedem Schritt verdoppeln. Das heißt, wer sein Geld in Aktien angelegt hat und einen langen Atem hatte (also nicht auf das Geld angewiesen war), konnte sein Vermögen vervielfachen.

7 a) Folgende Lebensversicherungen werden unterschieden:
- Die klassische **Kapitallebensversicherung** kombiniert die Absicherung der Hinterbliebenen für den Fall des Todes des Versicherungsnehmers mit einer kapitalbildenden Komponente (Auszahlung im Erlebensfall).
- Die **Risikolebensversicherung** zahlt nur, wenn der Versicherungsnehmer vor Ablauf des Vertrages stirbt. Sie dient der Absicherung des Ehepartners bzw. der Kinder. Es wird kein Kapital für eine Auszahlung angespart, daher ist diese Versicherung sehr viel günstiger.

b) In Deutschland ist die Kapitallebensversicherung sehr beliebt. Es gibt über 90 Millionen Policen (also mehr als Deutschland Einwohner hat). Ob bei den niedrigen Zinsen solch eine Versicherung sinnvoll ist, kann nur individuell entschieden werden.

8 a) Bausparen eignet sich für Sparer, die die Absicht haben, ein Haus oder eine Wohnung zu bauen, zu kaufen oder zu renovieren. In der Ansparphase wird durch regelmäßige Raten Eigenkapital angespart, das allerdings nur sehr gering verzinst wird. Wenn 40 oder 50 % der vereinbarten Bausparsumme angespart sind, kann das Bauspardarlehen ausgezahlt werden. Dem Bausparer steht dann die gesamte Bausparsumme zur Verfügung. In der Tilgungsphase muss das Darlehen relativ zügig (in 7–10 Jahren), aber bei moderater Verzinsung zurückgezahlt werden.

b) Vorteile: Bausparen wird vom Staat finanziell unterstützt. Außerdem sind die Zinsen für ein Bauspardarlehen wesentlich niedriger als für einen anderen Kredit und das Darlehen muss nur durch ein nachrangiges Grundpfandrecht gesichert werden.

9

	Verfügbarkeit	Ertrag	Sicherheit
Sparbuch/ Sparkonto	je nach vereinbarter Kündigungsfrist, jedoch immer möglich bei Zahlung von Vorschusszinsen	eher gering, Zinsen zurzeit sehr niedrig	kein Risiko
Sparbrief	nicht vor Ende der Laufzeit	höher als beim Sparbuch/ Sparkonto	kein Risiko
Festzinsanleihe	jederzeit zum Kurswert zu verkaufen	etwa wie Sparbrief	kaum ein Risiko
Aktie	jederzeit zum Kurswert an der Börse zu verkaufen	sehr unterschiedlich; Ertrag setzt sich aus Kursgewinn und Dividende zusammen	hohes Risiko, je nach Unternehmen unterschiedlich
Investmentzertifikat	kann jederzeit gekauft und verkauft werden	je nach Anlageform gute Rendite möglich; wird allerdings durch Kosten für das Fondsmanagement geschmälert	Risiko ist durch Anlagestreuung des Fonds relativ gering
Kapitallebensversicherung	erst bei Eintritt des Versicherungsfalls; vorzeitiger Rückkauf ist sehr ungünstig	Ertrag abhängig vom allgemeinen Zinsniveau; ist aber wegen des Risikoanteils schwer vergleichbar	bei seriöser Gesellschaft kein Risiko; Geldentwertung kann durch Dynamisierung umgangen werden
Bausparen	i. d. R. feste Laufzeit; kann aber auch aufgelöst werden	in der Ansparphase nur sehr geringe Zinsen, aber Anspruch auf Bauspardarlehen	kein Risiko

10 a) Gründe für **staatliche Sparförderung**:
- Sparen fördert die Investitionsmöglichkeiten der Unternehmen, die Wirtschaft wird angekurbelt und es gibt mehr Arbeitsplätze.
- Durch Erspartes wird die Altersversorgung gesichert, die staatliche Fürsorge wird nicht belastet.
- Durch das Sparen wird der Lebensstandard der Bürger erhöht.

b) **Formen der Sparförderung**: Es gibt die Arbeitnehmersparzulage (Bausparen, Beteiligungssparen) nach dem Vermögensbildungsgesetz, Bausparprämien nach dem Wohnungsbau-Prämiengesetz und Steuervergünstigungen durch den Sparerpauschbetrag.

c) **Persönliche Inanspruchnahme** von Sparförderungen:
- Zunächst muss geprüft werden, ob die Obergrenzen für das zu versteuernde Einkommen nicht überschritten werden (das zvE kann je nach Werbungskosten, Sonderausgaben und außergewöhnlichen Belastungen sehr viel geringer sein als das Bruttoeinkommen).
- Anlage vermögenswirksamer Leistungen (Bausparen, Beteiligungssparen) in zulässiger Form, zum Erhalt der Arbeitnehmersparzulage.
- Ggf. Arbeitgeberzuschuss zu vermögenswirksamen Leistungen.
- Beim Sparen sollte die Möglichkeit des Freistellungsauftrags bzw. der Nichtveranlagungsbescheinigung genutzt werden.

Insgesamt ist die Beantwortung der Frage von den persönlichen Verhältnissen abhängig.

4.6 Verbraucherdarlehen (Lehrbuch S. 159)

1 Das „**Schuldenmachen**" ist für Firmen selbstverständlich. Mit dem Fremdkapital werden Investitionen getätigt, die es (hoffentlich) wiederum ermöglichen, die Kredite mit Tilgungen und Zinszahlungen zu bedienen. Für private Haushalte hat die Verschuldung eine andere Bedeutung, da sie in der Regel zu Konsumzwecken getätigt wird. Solange sich die Verschuldung im verkraftbaren Rahmen bewegt, ist dies eine freie Entscheidung der Kreditnehmer. Da die eigenen Möglichkeiten aber leicht überschätzt werden, kommt es immer wieder zur **Überschuldung**. Während auf der einen Seite heutzutage Kredite ganz selbstverständlich aufgenommen werden, werden Leute, die dadurch in finanzielle Schwierigkeiten geraten, häufig als „Verlierer" angesehen.

2 a) Ein **Verbraucherdarlehen** ist – wie der Name schon sagt – ein Darlehen, das von einer Bank an einen Verbraucher (nach BGB § 13) gegeben wird. Verbraucher genießen hier, wie generell im BGB, besondere Schutzrechte. Der Verbraucherdarlehensvertrag ist schriftlich abzufassen und hat vorgeschriebene Mindestinhalte (siehe Antwort zu d).
b) Die Bank gibt im Prinzip gerne Kredite, da sie damit längerfristig Zinseinnahmen erzielt. Auf der anderen Seite möchte sie von vornherein wissen, ob der Kunde die Belastung auch wirklich tragen kann und es nicht zu einem Zahlungsausfall kommen wird. Daher sichert sich die Bank durch die Prüfung der Kreditwürdigkeit ihrer Kunden im Vorfeld ab (**Bonitätsprüfung**).
c) Die Bank hat ihren Kunden gegenüber umfassende **Informationspflichten** zu erfüllen. So muss sie dem Kunden schon vor dem Vertragsabschluss angemessene Erläuterungen geben (insbesondere, ob der gewünschte Zweck mit den jeweiligen Vermögensverhältnissen erzielbar ist). Dem Vertrag müssen dann die „Europäischen Standardinformationen für Verbraucherkredite" zugrunde gelegt werden. Auch während der Laufzeit des Kredits muss die Bank den Kunden z. B. über Zinsänderungen informieren, wenn die Zinsbindung auslaufen sollte.
d) Im Verbraucherdarlehensvertrag müssen unabdingbar alle Angaben entsprechend den „**Europäischen Standardinformationen für Verbraucherkredite**" enthalten sein (Details siehe Formular im Buch auf S. 153).
e) Durch Bearbeitungsgebühren und/oder Provisionen können sich die Kosten für einen Kredit verändern. Um den Verbrauchern den Vergleich mehrerer Angebote einfacher zu machen, wird der **Effektivzinssatz** angegeben, in dem diese Kosten berücksichtigt werden.
f) Dem Kreditnehmer steht nach BGB § 495 ein vierzehntägiges **Widerrufsrecht** zu.
- Dieser Hinweis muss im Verbraucherdarlehensvertrag deutlich erkennbar enthalten sein.
- Die Frist läuft nicht vor Vertragsabschluss und nicht vor Bekanntgabe der Pflichtinformationen.
- Der Widerruf muss schriftlich erfolgen, er bedarf aber keiner Begründung.
- Ein Widerspruch ist nicht möglich bei notariell abgeschlossenen Immobiliendarlehensverträgen.
- Bei einem Überziehungskredit ist kein Widerspruch möglich.
g) Der **Kreditnehmer** kann das Verbraucherdarlehen jederzeit ohne Frist **kündigen**, muss dann aber eine Vorfälligkeitsentschädigung zahlen. Der **Kreditgeber** kann nur in Ausnahmefällen kündigen (so eine Ausnahme ist z. B. der Verzug bei der Zahlung der Raten). Allerdings sollte die Bank zunächst ein Gespräch über die Möglichkeit einer einvernehmlichen Lösung anbieten.

3

Vorteile	Nachteile
• bequem, schnell und ohne Formalitäten • kann jederzeit kurzfristig ausgeglichen werden	• Kreditrahmen muss vorher mit der Bank (einmalig) vereinbart werden • relativ hohe (variable) Zinsen • bei geduldeter Überziehung über das Limit Zinsaufschlag

4
- Bei einem **endfälligen Darlehen** müssen während der Laufzeit die (gleichbleibenden) fälligen Zinsen gezahlt werden und das Darlehen am Ende der Laufzeit in einem Betrag zurückgezahlt werden.
- Das **Ratentilgungsdarlehen** wird in gleichbleibenden Beträgen über die gesamte Laufzeit getilgt. Dazu kommen die Zinsen, die sich auf das Restdarlehen beziehen und sich wegen der laufenden Tilgung des ursprünglichen Darlehens im Laufe des Darlehenszeitraums ständig verringern.
- Bei einem **Annuitätendarlehen** müssen gleichbleibende Raten für die gesamte Laufzeit gezahlt werden. In diesen Raten sind eine zunehmende Tilgung und eine abnehmende Zinszahlung enthalten.

5 a) Der **nominale Zinssatz** beträgt 6,29 % und der **effektive Zinssatz** 7,93 % (dabei ist die Bearbeitungsgebühr nicht in die Rückzahlungsrate eingerechnet).
b) Im effektiven Zinssatz ist die Bearbeitungsgebühr mit berücksichtigt.
c) Der **Tilgungsplan** zeigt wahlweise auf Jahres- oder Monatsbasis den Verlauf des Schuldenstandes und der Zahlungen (Tilgung und Zinsen) an. Die Summe von Zinsen und Gebühren beträgt 2.160,00 €.
d) Wird eine **Restkreditversicherung** mit monatlich 50,00 € in die Rückzahlungsrate (also 600,00 €) eingerechnet, erhöht sich der nominale Zinssatz auf 12,25 % und der effektive Zinssatz auf 14,55 % – beide Zinssätze sind dadurch sehr hoch (es müssen ja auch insgesamt 1.800,00 € dafür extra gezahlt werden). Unter diesen Umständen sollte also gut überlegt werden, ob eine solche Versicherung tatsächlich abgeschlossen werden soll.

6 Alle Kreditinstitute melden ihre Daten von Krediten der **SCHUFA**. Bezahlt ein Kunde seine Raten nicht, wird dies ebenfalls der SCHUFA gemeldet. Dadurch können Kreditinstitute die Bonität eines Kunden überprüfen. Hat er schon einmal einen Kredit nicht zurückzahlen können, wird er keinen neuen erhalten. Die SCHUFA dient also den Banken zur Sicherheit und schützt Kunden vor weiteren Schulden. Übrigens werden auch die Daten bei langfristigen Handyverträgen an die Schufa gemeldet.

7 Möglichkeiten der **Kreditsicherung**:
- Bei der **Bürgschaft** verbürgt sich ein Dritter zur Zahlung der Raten, falls der Kreditnehmer selbst nicht mehr zahlen kann.
- Bei der **Lohn- oder Gehaltsabtretung** wird der pfändbare Teil des Einkommens an die Bank abgetreten. Diese kann darauf zurückgreifen, falls der Kreditnehmer nicht zahlt.
- Bei der **Sicherungsübereignung** wird der Kreditgeber Eigentümer des Kaufgegenstandes. Wenn der Kreditnehmer nicht zahlt, kann der Kreditgeber den Gegenstand veräußern.
- Wird eine **Restkreditversicherung** abgeschlossen, zahlt diese die Kreditraten weiter, wenn der Kreditnehmer seine Kreditverpflichtungen nicht mehr erfüllen kann, weil er z. B. schwer erkrankt ist, einen Unfall erlitten hat, berufsunfähig geworden ist oder gestorben ist.

8 Falls der Freund nicht zahlen kann oder will, wird die Bank auf Sie als **Bürgen** zukommen und Sie müssen dann den Kredit bezahlen. Dies kann natürlich die Freundschaft sehr belasten und Sie in finanzielle Schwierigkeiten bringen.

9 a) Die **Gefahren einer Kreditaufnahme** bestehen darin, dass der Kreditnehmer die Raten nicht bezahlen kann, weil er sich übernommen hat, weil er arbeitslos geworden ist oder in eine andere finanzielle Notlage geraten ist.
b) Ein Haushalt ist gilt als **überschuldet**, wenn
- er seine laufenden Kreditverpflichtungen nicht mehr erfüllen kann und
- er kein Vermögen hat, das er verwerten könnte und
- ihm keine weiteren Kreditmöglichkeiten zur Verfügung stehen.

c) Um den betroffenen Menschen zu helfen, gibt es **Schuldnerberatungsstellen**, die auf jeden Fall konsultiert werden sollten (Adressen siehe Randspalte im Lehrbuch auf S. 157). Unter Umständen muss auch eine Verbraucherinsolvenz in Betracht gezogen werden.

10 Wenn eine der aufeinanderfolgenden **Stufen** erfolgreich beendet werden kann, ist das gesamte **Verbraucherinsolvenzverfahren** beendet:
- außergerichtliche Einigung mit den Kreditgebern,
- gerichtliche Schuldenbereinigung über das Amtsgericht (mit Schuldenbereinigungsplan),
- vereinfachte Verbraucherinsolvenz (Pfändung),
- sechsjährige Wohlverhaltensphase mit anschließender Restschuldbefreiung.

11 a) Natürlich kann man darüber diskutieren, ob die **Verschuldung** durch ein überzogenes Konsumverhalten selbst verschuldet ist. Aber nicht immer ist eine finanzielle Notlage durch eigenes Fehlverhalten verursacht (z. B. Unfall, Krankheit, Arbeitslosigkeit, Scheidung etc.).
b) **Mögliche Folgen** finanzieller Notlagen:
- Flucht in Alkohol/Drogen,
- Zerstörung des familiären Zusammenhalts,
- Verlust von Freunden und Bekannten,
- Rückzug vom gesellschaftlichen Leben,
- u. U. sogar Abrutschen in die Kriminalität.

HOT – Handlungsorientierte Themenbearbeitung Kapitel 4 (Lehrbuch S. 160)

a) Hier können die Schüler je nach Erfahrungsbereich eigene Daten eintragen. In dem hier gezeigten **Berechnungsbeispiel** stehen Max monatlich 55,00 € zur Verfügung, die er für seine Urlaubsreise zurücklegen kann.

Einnahmen	€	Ausgaben	€
Ausbildungsvergütung	660,00	Miete + Nebenkosten	290,00
von der Oma	100,00	Lebensunterhalt	205,00
		Versicherungen	60,00
		sonstige Ausgaben	150,00
		Sparen	55,00
Summe	**760,00**	**Summe**	**760,00**

b) Da der Anlagezeitraum nicht besonders lang ist und Max wohl eher kein großes Risiko eingehen möchte, bleibt ihm als Möglichkeit zur **Geldanlage** außer dem Sparbuch/Sparkonto noch der Kauf von festverzinslichen Wertpapieren (Festzinsanleihe) oder Investmentzertifikaten. Da der Ertrag unter dem Sparer-Pauschbetrag liegen dürfte, braucht er keine Abgeltungssteuer zu bezahlen.
c) Max würde in dieser Größenordnung sicher keinen Dispositionskredit eingeräumt bekommen – und wenn doch, ist zu überlegen, ob dies wegen der hohen Überziehungszinsen sinnvoll ist. Die Banken bieten aber auch spezielle **Urlaubskredite** (zu Konditionen wie bei normalen Anschaffungsdarlehen) an. Die aktuellen Bedingungen, insbesondere der effektive Zinssatz, müsste bei den Banken (ggf. über Internet) erfragt werden.
d) Max kann sein **InterRail-Ticket** am Schalter der Deutschen Bahn sowohl bar, als auch mit einer Girocard oder Kreditkarte bezahlen. Das Gleiche gilt auch, falls er das Ticket an einem Automaten kauft.
e) Bei der Bezahlung mit der **Girocard** gibt es zwei Varianten:
- Max muss am Terminal seine Karte einstecken und seine PIN eingeben. Auf diese Weise erfolgt eine Online-Autorisierung (Überprüfung ob die Karte gesperrt ist und das Limit eingehalten ist) und das Geld wird sofort von seinem Konto abgebucht.
- Beim ELV-Verfahren werden nur die Bankdaten von der Karte gelesen und Max muss einen Lastschriftbeleg unterschreiben. Der Betrag wird dann von seinem Konto abgebucht. Für den Fall der Nichteinlösung erteilt Max dem Händler mit seiner Unterschrift gleichzeitig die Erlaubnis, seine Adresse von der Bank einzuholen.
f) Grundsätzlich könnte auch hier mit Kreditkarte gezahlt werden. Für kleine Beträge bietet sich aber auch die Bezahlung über **E-Payment-Verfahren** an.

Beispiele für E-Payment-Verfahren:
- Bei giropay wird man auf das eigene Konto seiner Onlinebank geleitet und kann von dort mit PIN und TAN die Überweisung ausführen.
- Bei PayPal und ClickandBuy muss man angemeldet sein. Diese Onlinefirmen zahlen den Betrag und holen ihn sich vom eigenen Bankkonto wieder.

g) **Reiseschecks** (auch Travelers Cheques genannt) können auf Dollar, Euro, Yen etc. ausgestellt werden. Sie unterliegen strengen Sicherheitsbestimmungen, da sie nur durch Gegenzeichnen (zweite identische Unterschrift) und gegen Vorlage eines Ausweises eingelöst werden können. Die Gebühren sind relativ gering und die Schecks gelten beliebig lange (sie können aber auch zurückgetauscht werden).
Die Bezahlung mit Reisescheck mag in der heutigen Zeit altmodisch erscheinen. Sie können aber in vielen Ländern (in denen Girocards nicht akzeptiert werden und Kreditkarten evtl. auch nicht) in Banken und Wechselstuben, aber auch in Hotels und Geschäften, eingelöst werden. Reiseschecks haben gegenüber Girocard und Kreditkarte folgende Vorteile: Sie sind extrem sicher (und das ist gerade im fernen Ausland besonders wichtig) und die Gebühren sind sehr günstig.

h) Gerade für eine Auslandsreise ist eine **Kreditkarte** sehr zu empfehlen:
 Vorteile:
- leichter Zahlungsvorgang,
- jederzeit zahlungsfähig (auch in ausländischer Währung),
- relativ sicheres Zahlungsmittel (geringer Eigenanteil bei Verlust),
- auch für Bargeldbeschaffung einsetzbar (dabei fallen aber sehr (!) hohe Gebühren an).

 Nachteile:
- hohe Kartengebühren (kostenlose Werbeangebote nutzen),
- Überschätzung der eigenen finanziellen Möglichkeiten,
- Eigenanteil bei Verlust/Diebstahl beträgt 50,00 € (Karte muss sofort gesperrt werden!).

i) Die **deutsche IBAN** hat 22 Stellen (die Länge der IBAN ist von Land zu Land unterschiedlich, jedoch auf max. 34 Stellen begrenzt), die sich so zusammensetzen:
- 2 Stellen Länderkennzeichen „DE",
- 2 Stellen Prüfziffer,
- 8 Stellen bisherige BLZ,
- 10 Stellen bisherige Kontonummer (rechtsbündig eingetragen, vorweg müssen also entsprechend viele Nullen stehen).

j) Die sogenannte „**Kaufkraftparität**" gibt an, wie viel ein vergleichbarer Warenkorb, der speziell nach Urlaubsbedürfnissen zusammengestellt wird, im jeweiligen Land kostet. Der Preis des einheimischen Korbs wird dabei auf 100 gesetzt. Kostet dieser Korb dann in Dänemark 142, so ist der Lebensunterhalt dort um 42 % teurer als bei uns.
Hinweis für den Lehrer/die Lehrerin: In den Tages- und Wochenzeitschriften werden vor der Urlaubszeit Tabellen mit den Kaufkraftparitäten der verschiedenen Länder veröffentlicht. Sie können aber auch im Internet eingesehen werden (z. B. auf www.welt-in-zahlen.de). Der Bundesverband deutscher Banken bietet unter seiner Internetadresse www.bdb.de z. B. auch die kostenlose App „Reise und Geld" an, die neben einem Kostenvergleich für Waren und Dienstleistungen in über 70 Ländern auch einen Währungsrechner mit aktuellen Wechselkursen, Notrufnummern zur Kartensperrung sowie Tipps für die Zusammenstellung der Reisekasse und zur Sicherheit im Ausland beinhaltet.

k) Die Aufgabe sollte mit aktuellen Wechselkursen gerechnet werden, über diese kann man sich z. B. auf www.bankenverband.de/service/waehrungsrechner oder www.umrechnung24.de informieren (die im Lehrbuch angegebene Seite ist leider in der Zwischenzeit zum Verkauf angeboten).

Dänemark: $1,00\ € \rightarrow 7,46\ dkr$
               $380,00\ € \rightarrow 7,46/1 \cdot 380 = 2.834,80\ dkr$

Norwegen: $1,00\ € \rightarrow 8,32\ nkr$
               $450,00\ € \rightarrow 8,32/1 \cdot 450 = 3.744,00\ nkr$

Schweden: $1,00\ € \rightarrow 8,88\ skr$
               $400,00\ € \rightarrow 8,88/1 \cdot 400 = 3.552,00\ skr$

l) Der hohe Preis für den Big-Mac in Norwegen hat mit der Kaufkraftparität zu tun. Laut der Grafik im Lehrbuch auf S. 130 ist der Warenkorb in Norwegen fast 60 % teurer als im EU-Durchschnitt. Rechnet man auf den deutschen Big-Mac (der Preis entspricht in etwa dem EU-Durchschnitt) 60 % drauf, so kommt man ungefähr auf den norwegischen Preis. In diesem Fall gibt der **Big-Mac-Index** sogar ein ziemlich realistisches Bild wieder.

m) Da Max die **Dänischen Kronen** schon hat, ändert sich an seiner finanziellen Situation nichts. Im Abwertungsland selbst ändert sich kurzfristig ebenfalls nichts, langfristig jedoch werden Importgüter teurer. Hätte Max den Umtausch noch vor sich, würde er für seine 380,00 € mehr Kronen bekommen, da der Kurs sinken würde.

Beim Rücktausch der übrigen Kronen würde Max weniger Euro bekommen, als in dem Fall, wenn die Krone nicht abgewertet worden wäre.

n) In allen Ländern, die an der **Gemeinschaftswährung** teilnehmen, kann Max mit dem Euro bezahlen, d. h. alle Umrechnungen und ggf. Währungsverluste entfallen.

o) Max muss die **Girocard** sofort **sperren** lassen und den Diebstahl bei der Polizei melden.

Einen zentralen Sperrdienst, der für alle Kartenarten gilt, gibt es unter der Telefonnummer 116 116 (bei Anruf aus dem Ausland muss die Ländervorwahl 0049 für Deutschland vorweg gewählt werden). Es müssen gemeldet werden: Bankleitzahl/Kontonummer, neuerdings ggf. die IBAN, die Laufzeit der Karte (z. B. 12/20XX.).

Die Kreditkartenorganisationen haben eigene Nummern für den Sperrdienst, die im Internet abgerufen werden können. Auch die eigene Bank sollte (zu den üblichen Geschäftszeiten) informiert werden.

Kapitel 5: Grundlagen des Arbeitsrechts

5.1 Einzelarbeitsvertrag (Lehrbuch S. 171)

1 Ein **Arbeitsvertrag** muss folgende Punkte beinhalten:
- Name und Anschrift der Vertragsparteien,
- Zeitpunkt des Beginns des Arbeitsverhältnisses,
- vorhersehbare Dauer des Arbeitsverhältnisses,
- Arbeitsort,
- Beschreibung der zu leistenden Tätigkeit,
- Zusammensetzung und Höhe des Arbeitsentgelts,
- Arbeitszeit,
- Dauer des Urlaubs,
- Kündigungsfristen,
- Hinweis auf Tarifverträge, Betriebs- oder Dienstvereinbarungen.

2 a) Die Pflichten des **Arbeitgebers** sind die Lohnzahlungspflicht, die Beschäftigungspflicht und die Fürsorgepflicht.

b) Der **Arbeitnehmer** geht gegenüber dem Arbeitgeber eine Arbeitspflicht, Weisungsgebundenheit und Treuepflicht ein.

3 a) Die Fristen für eine **ordentliche Kündigung** betragen bei einer Beschäftigungszeit von weniger als zwei Jahren vier Wochen zum Monatsende oder zum 15. eines Monats. Ab einer Beschäftigungszeit von mindestens zwei Jahren gelten für den Arbeitgeber verlängerte Kündigungsfristen (gestaffelte Fristen je nach Dauer des Arbeitsverhältnisses). Innerhalb der Probezeit beträgt die Kündigungsfrist zwei Wochen.

b) Gründe für eine **fristlose Kündigung** sind Pflichtverletzungen durch Arbeitgeber oder Arbeitnehmer (z. B. wiederholte Arbeitsverweigerung, nicht gezahlter Lohn) oder grobe Verfehlungen (z. B. Straftaten, sexuelle Belästigung).

4 Die **Fristen** einer ordentlichen **Kündigung können** bei einem unbefristeten Arbeitsvertrag **unterschritten werden,**
- in den ersten 3 Monaten mit einer kürzeren Frist sowie zu anderen Terminen als in § 622 Abs. 1 BGB vorgesehen.
- in einem Betrieb mit nicht mehr als zwanzig Arbeitnehmern (ohne Auszubildende).
- wenn der gültige Tarifvertrag die gesetzlichen Kündigungsfristen verkürzt.

5 Die Kündigung muss sozial gerechtfertigt sein. Dies überprüft der Betriebsrat. Diese Maßnahme dient dem Schutz der Arbeitnehmer. Der Arbeitgeber könnte ohne die **Prüfung durch den Betriebsrat** willkürlich handeln und so den Arbeitnehmer in eine soziale Notlage bringen.

6 **Ohne Betriebsrat** muss der Arbeitnehmer vor der Kündigung gehört werden.

7 Eine Kündigung ist **sozial gerechtfertigt,** wenn der Arbeitgeber Lebensalter, Dauer der Betriebszugehörigkeit, ggf. Unterhaltsverpflichtungen und eine ggf. vorliegende schwere Behinderung des Arbeitnehmers berücksichtigt und die Kündigung begründet.

5.2 Tarifverträge (Lehrbuch S. 176)

1 a) Die Tarifverhandlungen dürfen nur von den Vertragsparteien vorgenommen werden. **Tarifautonomie** bedeutet, dass jeglicher Einfluss von außen zu unterbleiben hat.

b) Solange der Tarifvertrag gültig ist, gilt für die Vertragsparteien eine **Friedenspflicht**, in der kein Streik den Produktionsprozess behindern darf.

c) Die **Allgemeinverbindlichkeit** besagt, dass der Tarifvertrag auch für diejenigen Arbeitgeber und Arbeitnehmer gilt, die nicht Mitglieder der Gewerkschaften oder der Arbeitgebervereinigung sind.

2 a) Es gibt den Manteltarifvertrag, den Lohn- und Gehaltsrahmentarifvertrag und den Lohn- und Gehaltstarifvertrag.

b) Der **Manteltarifvertrag** regelt folgende Punkte:
- Probezeit,
- Aushilfstätigkeit,
- Kündigung,
- Zeugnisse,
- Arbeitszeit,
- Ruhepausen,
- Mehr-, Spät-, Nacht-, Sonn- und Feiertagsarbeit,
- Kurzarbeit,
- Arbeitsbefreiung bei Heirat, Geburt, Tod usw.,
- Alterssicherung,
- Urlaub,
- Unfallschutz,
- Schiedsgericht.

Der **Lohn- und Gehaltsrahmentarifvertrag** hat folgende Inhalte:
- Grundsätze zur Arbeits- und Leistungsbewertung,
- Lohngruppen,
- die Eingruppierung von Arbeitnehmern in die Lohngruppen.

Der **Lohn- und Gehaltstarifvertrag** regelt die Lohnsätze für die im Lohn- und Gehaltsrahmentarifvertrag festgelegten Lohngruppen.

3 Die Vorteile eines Tarifvertrags für den **Arbeitgeber** sind gut kalkulierbare Kosten durch feste Lohn- und Gehaltstarife, weniger Konkurrenz auf dem Arbeitskräftemarkt und die Verhinderung von Produktionsausfällen durch die Friedenspflicht.

Die Vorteile eines Tarifvertrags für den **Arbeitnehmer** sind die Gleichstellung mit anderen Arbeitnehmern und die Zusicherung von Mindestarbeitsbedingungen (z. B. Mindestlohn, Mindesturlaub, Urlaubsgeld).

4 Sind die **Tarifverhandlungen** gescheitert, wird eine Schlichtungskommission bestimmt, um einen Schlichtungsvorschlag zu erarbeiten. Wird dieser von einer der Parteien nicht akzeptiert, gibt es von Seiten der Gewerkschaft eine Urabstimmung über einen **Streik**. Wenn 75 % der Gewerkschaftsmitglieder für den Streik stimmen, wird dieser durchgeführt.

Der Arbeitgeber kann sich durch eine **Aussperrung** wehren, d.h. er verweigert die Lohnzahlung. Er ist aber verpflichtet, nach dem Streik die Arbeitnehmer wieder einzustellen.

Die Kampfmaßnahmen sollen zu neuen Verhandlungen führen. Führen die Verhandlungen zu keinem Ergebnis, werden die Kampfmaßnahmen fortgesetzt, bis es wieder zu Verhandlungen kommt.

Führen diese Verhandlungen zu einem Ergebnis, verlangt eine erneute Urabstimmung eine Zustimmung (je nach Gewerkschaftssatzung meist 25 %) zur Beendigung des Streiks. Ein **neuer Tarifvertrag** wird abgeschlossen. Während der Laufzeit des Tarifvertrags gilt die Friedenspflicht.

5 Ein **Streik** ist eine Arbeitsniederlegung durch die Arbeitnehmer.
Eine **Aussperrung** ist der Ausschluss der Arbeitnehmer von der Arbeit durch den Arbeitgeber. Für die Dauer der Aussperrung erhalten die Arbeitnehmer keinen Lohn vom Arbeitgeber.

6 *Individuell zu beantworten.*

7 *Individuell zu beantworten.*

8 Die **Mitgliedschaft** in einer **Gewerkschaft** bietet für den Arbeitnehmer folgende **Vorteile:**
- Rechtsanspruch auf tarifliche Bezahlung,
- kostenloser Rechtsschutz,
- Interessenvertretung durch Lobbyarbeit und im Rahmen der Tarifverhandlungen,
- Beratung zu Arbeitsschutz, Urlaubs- und Überstundenregelungen,
- Weiterbildungsmöglichkeiten,
- Zahlung von Streikgeld,
- Möglichkeit zu aktiver Teilnahme und eigenem Engagement in der Gewerkschaft.

5.3 Betriebsvereinbarung (Lehrbuch S. 178)

1 a) Sollen generelle Regelungen zur Vereinfachung des Arbeitsablaufs innerhalb eines Betriebs erlassen werden, wird eine **Betriebsvereinbarung** schriftlich abgeschlossen.
b) Die Betriebsvereinbarung wird zwischen dem Betriebsrat und dem Arbeitgeber abgeschlossen.

2 Betriebsvereinbarungen regeln üblicherweise:
- Arbeitszeit,
- Urlaub,
- das Verhalten des Arbeitnehmers,
- Pausen,
- Akkord- und Richtlohnsätze,
- die Aufgaben des Betriebsrats.
- Überstunden,
- neue Entlohnungsmethoden,

3 Gemäß dem **Günstigkeitsprinzip** ist für den Arbeitnehmer immer die für ihn günstigste Regelung anzuwenden (wahlweise aus Gesetzen, Tarifvertrag, Betriebsvereinbarung oder Arbeitsvertrag).

4 *Individuell zu beantworten.*

5.4 Interessenvertretung der Arbeitnehmer (Lehrbuch S. 184)

1 Das **Betriebsverfassungsgesetz** sichert den Arbeitnehmern, ihren Interessenverbänden und sonstigen Organen der Betriebsverfassung Beteiligungsrechte zu.

2 a) Der **Arbeitnehmer** hat das Recht auf Mitbestimmung, z. B. durch die Teilnahme an Betriebsratswahlen und Betriebsversammlungen.
Außerdem hat er umfassende Informationsrechte über
- die Zusammensetzung des Lohns,
- die Personalakte,
- die Beurteilung der Leistung,
- Arbeitsabläufe,
- Aufstiegschancen,
- Unfall- und Gesundheitsgefahren.

Darüber hinaus kann der Arbeitnehmer Anhörungs- und Beratungsrechte wahrnehmen. Er kann Anregungen und Beschwerden abgeben und mit dem Arbeitgeber soziale, wirtschaftliche und personelle Fragen diskutieren.
b) Der **Betriebsrat** hat Mitbestimmungsrechte in sozialen Angelegenheiten und Mitwirkungsrechte in personellen und wirtschaftlichen Angelegenheiten.

3 a) Für den **Betriebsrat** sind alle Arbeitnehmer über 18 Jahre wahlberechtigt (mit Ausnahme der leitenden Angestellten). Wahlberechtigt für die **Jugend- und Auszubildendenvertretung (JAV)** sind alle Arbeitnehmer unter 18 Jahren und alle Auszubildenden unter 25 Jahren.

b) Alle wahlberechtigten Arbeitnehmer, die mindestens sechs Monate in einem Unternehmen tätig sind, können sich in den Betriebsrat wählen lassen. Für die JAV sind alle Arbeitnehmer, die das 25. Lebensjahr noch nicht vollendet haben, wählbar.
c) Während die JAV alle zwei Jahre neu gewählt wird, finden für den Betriebsrat alle vier Jahre Neuwahlen statt.

4 a) Der **Betriebsrat** soll Interessenkonflikte und Spannungen zwischen Arbeitnehmern und Arbeitgebern ausgleichen.
b) Die **JAV** soll die besonderen Interessen von Jugendlichen und Auszubildenden im Betrieb vertreten. Sie soll deren persönliche Belange in den Betriebsrat tragen und die Einhaltung von Verordnungen, die Jugendliche und Auszubildende betreffen, überprüfen.

5 a) Alle Unternehmen unterliegen der gesetzlich festgelegten **Mitbestimmung nach dem Betriebsverfassungsgesetz**.
- Bei Kapitalgesellschaften von 501 bis 2.000 Mitarbeitern greifen zusätzlich die eher schwachen Mitbestimmungsregeln des Drittelbeteiligungsgesetzes von 2004.
- Werden mehr als 2.000 Mitarbeiter beschäftigt, gilt zusätzlich das stärkere Mitbestimmungsgesetz von 1976.
- Am stärksten greifen die Mitbestimmungsrechte im Montanmitbestimmungsgesetz von 1951. Dieses Gesetz gilt für Unternehmen des Bergbaus und der Eisen und Stahl erzeugenden Industrie bereits ab 1.000 Mitarbeitern.

Begründung:
- **Drittelbeteiligungsgesetz von 2004**: Kapitalgesellschaften von 501 bis 2.000 Mitarbeiter sind überwiegend familiengeführte Unternehmen und werden meist nicht an der Börse gehandelt. Die Familien stellen das Kapital und übernehmen damit das Risiko. Deshalb machen Arbeitnehmer im Aufsichtsrat nur 1/3 aus. 2/3 des Aufsichtsrats stellt das Kapital.
- Das **Mitbestimmungsgesetz von 1976** wurde unter einer sozialliberalen Koalition (SPD/FDP) erlassen, in der die FDP die Verfügungsgewalt der Kapitalseite nicht einschränken wollte. Der Aufsichtsrat ist zwar zu gleichen Teilen mit Vertretern der Anteilseigner und Arbeitnehmer (Arbeiter, Angestellte und leitende Angestellte) besetzt, geht aber im Aufsichtsrat die Abstimmung über einen Gegenstand unentschieden aus, so hat der Vorsitzende, der immer von der Kapitalseite kommt, bei einer erneuten Abstimmung zwei Stimmen.
- **Montanmitbestimmungsgesetz von 1951**: Da an der Produktion grundsätzlich die Produktionsfaktoren Arbeit und Kapital beteiligt sind, sind auch bei der Zusammensetzung des Aufsichtsrats beide Faktoren gleichberechtigt vertreten. In Patt-Situationen entscheidet ein „Neutraler".

b) Den „**Neutralen**" gibt es nur beim Montanmitbestimmungsmodell. Er muss sich zunächst seiner Stimme enthalten. Erst wenn sich Arbeitnehmer und Arbeitgeber nicht einigen können, gibt er seine Stimme ab und fällt so die Entscheidung. Aus diesem Grund müssen auch vorher beide Seiten der Wahl des Neutralen zugestimmt haben.

6 a) Der **Arbeitsdirektor** ist gleichzeitig Personalchef. Zu seinem Aufgabenbereich gehören neben dem Personalwesen auch die Bereiche Tarifrecht, Aus- und Weiterbildung, Arbeits- und Sozialrecht und Arbeitsschutz.
b) Einem **leitenden Angestellten** werden wesentliche Befugnisse eines Arbeitgebers übertragen (z. B. Generalvollmacht/Prokura, Einstellungs- und Entlassungsbefugnisse sowie weitere Aufgaben in unternehmerischer Funktion, die keinen Weisungen unterliegen). Für leitende Angestellte gelten das Betriebsverfassungsgesetz und das Arbeitszeitgesetz nicht. Dafür haben sie nach dem Mitbestimmungsgesetz Anspruch auf Sitze als Arbeitnehmer im Aufsichtsrat.
c) Dies ist im § 15 Mitbestimmungsgesetz vorgeschrieben. Jede Organisationsgruppe soll im Betriebsrat vertreten sein.

5.5 Arbeitsgericht (Lehrbuch S. 187)

1 Das **Arbeitsgericht** ist zuständig bei Streitigkeiten um Arbeits- oder Ausbildungsverträge, Tarifverträge, Mitbestimmung, Mitwirkung und Betriebsvereinbarungen.

2 Die **Güteverhandlung** findet vor der Gerichtsverhandlung statt und soll den Parteien die Möglichkeit einer gütlichen Einigung geben. Schlägt diese fehl, entscheidet das Gericht mit einem verbindlichen Urteil in einer **Gerichtsverhandlung**.

3 a) Im Rahmen der **Güteverhandlung** soll der Versuch unternommen werden, sich **vor der Gerichtsverhandlung** gütlich zu einigen. Auf diese Weise erzielte Einigungen erreichen bei den Parteien oft eine höhere Akzeptanz als gerichtliche Urteile. Außerdem steht für die Güteverhandlung mehr Zeit zur Verfügung, um Hintergründe und Interessen aller Beteiligten zu berücksichtigen.

b) Folgende **Ergebnisse** einer Güteverhandlung sind möglich:
- Zurücknahme der Klage,
- Anerkenntnis der Klage,
- Vergleich.

4 Die Güteverhandlung bietet dem Gericht die Möglichkeit, ein streitiges Verfahren ohne viel Aufwand zu beenden und zwar durch einen Vergleich. Weit über 50 % der arbeitsrechtlichen Fälle werden so gelöst. Das spart Kosten und wird deshalb den streitenden Parteien **nicht berechnet**.

5 a) Von den beiden **Laienrichtern** stammt je einer von der Arbeitgeber- und einer von der Arbeitnehmerseite.
b) Die Laienrichter sollen ihre beruflichen Erfahrungen in die Entscheidung des Gerichts mit einbringen. Sie haben die gleichen Rechte wie ein Berufsrichter. Beim Arbeits- und Landesarbeitsgericht können sogar die Laienrichter den Berufsrichter im Rahmen des geltenden Rechts überstimmen.

6 Verlauf einer streitigen Verhandlung: Nach dem Urteilsspruch am Arbeitsgericht kann Berufung eingelegt werden, der Fall wird dann vor dem Landesarbeitsgericht (2. Instanz) noch einmal behandelt. Führt das Urteil des Landesarbeitsgerichts nicht zu dem gewünschten Ergebnis, kann Revision eingelegt werden. In der letzten Instanz entscheidet das Bundesarbeitsgericht in Erfurt. Eine Revision ist dann nicht mehr möglich.

7 Mit dieser Regelung will man verhindern, dass ein wirtschaftlich schwächerer Arbeitnehmer von der Durchsetzung seiner Ansprüche aufgrund des Kostenrisikos absieht. Falls er verliert, muss er so zumindest nicht die **Anwaltskosten** des Gegners übernehmen. Außerdem sollen gütliche Vergleiche dadurch erleichtert werden, dass nicht jede Partei auf die Kostenerstattung durch den Urteilsspruch spekuliert. Kommt es nicht zu einem Vergleich, müssen die **Gerichtskosten** allerdings durch die unterliegende Partei übernommen werden.

HOT – Handlungsorientierte Themenbearbeitung Kapitel 5 (Lehrbuch S. 188)

1 a) Das Unternehmen **Müller-Haus legt** besonderen **Wert auf**:
- Teamfähigkeit,
- eine freundliche und offene Art,
- hohe Leistungsbereitschaft,
- Flexibilität,
- eine abgeschlossene Ausbildung als Tischler (Tischlergeselle),
- einen Führerschein Klasse C/CE.

b) Das **Bewerbungsschreiben** könnte wie folgt aussehen:

Matthias Erlenbach I Mercedesstr. 31 I 70372 Stuttgart I E-Mail: m.erlenbach@gyz.de I Tel.: 0177/3213210

Müller-Haus GmbH
Frau Müller
Marienthaler Str. 1
30159 Hannover

Stuttgart, 23. August 20XX

Ihre Stellenanzeige vom 20. August 20XX in „Holz & Co. – Fachmagazin für Ausbau und Möbel"
Unser Telefonat vom 22. August 20XX

Sehr geehrte Frau Müller,

vielen Dank für das informative Telefongespräch, das meinen Wunsch, bei Müller-Haus als Tischler zu arbeiten, bekräftigt hat.
Gerne würde ich mein Wissen und meine Erfahrungen als Bautischler in Ihr Unternehmen einbringen und auf die für mich neuen und spannenden Bereiche Trockenbau und Verlegen von Parkett- und Laminatböden ausweiten. Da ich bereits seit einiger Zeit mit dem Gedanken spiele, nach Hannover zu ziehen, lockt mich neben der Aussicht auf die berufliche Weiterentwicklung in einem jungen, expandierenden Unternehmen auch der attraktive Standort von Müller-Haus.

Nach meiner erfolgreich abgeschlossenen Tischlerlehre in Verbindung mit der Ausbildung „Management im Handwerk" in der „Bautischlerei Joseph Rinkel" in Stuttgart im Jahr 20XX, wurde ich als Geselle übernommen. In den letzten fünf Jahren war ich dort mit der individuellen Maßanfertigung und dem Einbau von Fenstern, Türen und Treppen sowie der Erstellung und Kalkulation von Ausbauten beschäftigt. Besondere Freude am Innenausbau macht mir die Erarbeitung individueller und flexibler Kundenlösungen, die Zusammenarbeit im Team und die termingerechte Koordination mit den anderen Gewerken.
Als Tischlergeselle lernte ich zudem Verantwortung für andere zu übernehmen, da ich seit einem Jahr für die Berufsausbildung verantwortlich bin. In Vorbereitung zur Übernahme dieser Aufgabe, habe ich bei der Handwerkskammer Stuttgart an zwei Fortbildungsseminaren zum Thema „Führung" teilgenommen.

Ein Führerschein der Klasse C/CE liegt vor.

Zu einem persönlichen Gespräch stehe ich Ihnen gerne zur Verfügung und freue mich über Ihre Einladung.

Mit freundlichen Grüßen

Matthias Erlenbach

Anlagen

---

c) Jeder Schüler schreibt seinen **tabellarischen Lebenslauf** (nicht mehr als zwei Seiten). Darin sollten folgende Punkte enthalten sein:

Name	Matthias Erlenbach
Kontaktdaten	Mercedesstr. 31
	70372 Stuttgart
	E-Mail: m.erlenbach@gyz.de
	Mobil: 0177/3213210
Geburtsdatum	15.10.19XX, Herrenberg
	(bei Ausländern ist zusätzlich das Land anzugeben)
Staatsangehörigkeit	*(nur angeben, wenn sich die Staatsangehörigkeit nicht aus dem Namen ableiten lässt)*
Familienstand	Ledig *(ggf. Anzahl und Alter der Kinder)*

Schulische Ausbildung

19XX bis 19XX	Carl-Benz-Grund- und Werkrealschule (2,0)
19XX bis 20XX	Wirtschaftsgymnasium Stuttgart (2,5)
20XX bis 20XX	Gewerbliche Schule für Holztechnik, Stuttgart, mit Zusatzausbildung Management im Handwerk (1,5)

Freiwilliges soziales Jahr

09/20XX bis 07/20XX	Einsatzfahrer im Rettungsdienst des DRK, Stuttgart

Berufliche Ausbildung und Werdegang

(Vermeiden Sie Angaben wie „seit 06/20XX arbeitslos". Beschreiben Sie stattdessen, wie die Zeit in der Bewerbungsphase genutzt wurde, z. B. durch Recherchen, Fortbildungen usw.)

09/20XX bis 07/20XX	Ausbildung in der Bautischlerei Joseph Rinkel, Stuttgart (1,5)
08/20XX bis 12/20XX	Tätigkeit als Geselle in den Bereichen Bau und Einbau von Fenstern, Türen und Treppen in der Bautischlerei Joseph Rinkel, Stuttgart
01/20XX bis heute	Tätigkeit als Ausbildungsleiter in der Bautischlerei Joseph Rinkel, Stuttgart

Praktika

05/20XX	Zweiwöchiges Schülerpraktikum bei Daimler AG, Stuttgart-Untertürkheim
07/20XX bis 09/20XX	Zweimonatiges Praktikum in der Schreinerei „Holzwirtschaft", Stuttgart-Feuerbach

Berufliche Fortbildung

05/20XX bis 07/20XX	Zweimonatige berufliche Fortbildung bei der Handwerkskammer Stuttgart zum Thema Führung: „Grundlagen der Führung", „Mitarbeiter motivieren durch Führen mit Zielen"

Berufliche Weiterbildung

09/20XX bis 07/20XX Abendkurs	Gebäudeenergieberater im Handwerk

Besondere Kenntnisse

EDV-Kenntnisse	CAD-Zeichenprogramm: interiorcad; Microsoft Office
Sprachkenntnisse	Englisch (verhandlungssicher), Französisch (Grundkenntnisse)
Fahrerlaubnis	Klasse B/BE, C/CE

Interessen und Hobbys

Musik (Gitarre), Schwimmen, Fußball
(Vermeiden Sie Risikosportarten wie Paragliding, Freeclimbing)

Stuttgart, den 23.08.20XX   *Matthias Erlenbach*

(Mit der Unterschrift wird die Richtigkeit und Aktualität der gemachten Angaben bestätigt. Es wird keine Grußformel verwendet.)

Anlagen
(Abschlüsse und Befähigungen müssen durch Zeugniskopien belegt werden)

- Gesellenzeugnis
- Zeugnis „Management im Handwerk"
- Zeugnis FSJ als Einsatzfahrer beim DRK
- Zeugnis Gebäudeenergieberater
- Bescheinigung Schülerpraktikum Daimler AG
- Bescheinigung Praktikum Schreinerei „Holzwirtschaft"
- Bescheinigung Fortbildung „Führung" HWK Stuttgart

2 a) Der **Betriebsrat** ist bei der Einstellung eines Mitarbeiters zu beteiligen. Die Bewerbungsunterlagen sind zur Verfügung zu stellen. Der Betriebsrat kann in begründeten Fällen die Einstellung verhindern.
b) Tarifvertrag für das Baugewerbe.

3 a) Der **Betriebsrat** hat Mitwirkungsrechte hinsichtlich der Kündigungen (§ 102 BetrVG).
b) Der Arbeitgeber muss bei der **Kündigung** das Lebensalter, die Dauer der Betriebszugehörigkeit und ggf. Unterhaltsverpflichtungen sowie eine evtl. vorliegende schwere Behinderung berücksichtigen und die Kündigung begründen, damit diese **sozial gerechtfertigt** ist.
c) Der Arbeitnehmer kann jederzeit **gegen die Entlassung klagen** (innerhalb von drei Wochen nach der Kündigung). Er muss dann bis zur richterlichen Entscheidung weiterbeschäftigt werden.
d) Der **Streik** verstößt gegen die Friedenspflicht. Demnach sind Streik und Aussperrung während der Laufzeit eines Tarifvertrags nicht möglich. Wird trotzdem gestreikt, können sich daraus für den Arbeitgeber Rechtsansprüche und Schadenersatzforderungen ableiten.
e) Der **Arbeitgeber** kann mit Aussperrungen, evtl. Kündigungen und Schadenersatzforderungen auf den Streik reagieren.

4 a) Die **Kündigung** wäre frühestens vier Wochen zum Monatsende oder zum 15. des Monats möglich.
b) Vgl. Formulierung Lehrbuch S. 168 in Verbindung mit S. 167.

5 Der Arbeitgeber muss auf jeden Fall vor der Kündigung den **Betriebsrat** verständigen. Bei der Kündigung einer alleinerziehenden Mutter muss der Arbeitgeber transparent machen, dass die Kündigung **sozial gerechtfertigt** ist. Auch muss er auf die Wiederholung hinweisen, derentwegen bereits eine Abmahnung an die Mitarbeiterin erging.
Außerdem sollte der Arbeitgeber nachfragen, warum die Arbeitnehmerin wiederholt zu spät gekommen ist. Sollte es im Verhalten der Mitarbeiterin liegen und der Betriebsrat zustimmen, so ist die Kündigung gerechtfertigt. Liegt das Zuspätkommen aber z. B. in einer Krankheit des Kindes oder einer fehlenden Kinderbetreuung sollte der Chef sich vorher rechtlich genau beraten lassen, da hier evtl. soziale Gründe keine Kündigung rechtfertigen.
Hier wären Recherchen durch die Schüler im Internet sinnvoll.

Kapitel 6: Entlohnung der Arbeit

6.1 Lohnformen (Lehrbuch S. 194)

1 Für den **Arbeitnehmer** bedeutet der Zeitlohn einen festen Verdienst, mit dem er kalkulieren kann. Es passieren weniger Arbeitsunfälle, da der Arbeitnehmer sich nicht übermäßig beeilen muss, außerdem entstehen dadurch weniger Stress und Überforderung. Nachteilig für den Arbeitnehmer ist, dass Leistungsunterschiede nicht berücksichtigt und daher auch besondere Arbeitsleistungen nicht entlohnt werden.
Für den **Arbeitgeber** bestehen die Vorteile des Zeitlohns in der einfachen Lohnabrechnung, im geringeren Materialverbrauch (weil die Arbeitnehmer sorgfältiger arbeiten können) und in der Schonung der Maschinen. Nachteilig sind die mangelnde Möglichkeit zur Kontrolle der erbrachten Arbeitsleistung, die Abhängigkeit des Arbeitgebers von der Zuverlässigkeit seiner Arbeitnehmer und der fehlende Anreiz für kurzfristig notwendige Leistungssteigerungen.

2 Der **Zeitlohn** wird berechnet auf der Basis der Arbeitszeit. Pro Stunde gibt es einen bestimmten Stundenlohnsatz, der mit den Arbeitsstunden multipliziert wird, um den Bruttolohn zu errechnen. Dabei spielt keine Rolle, was der Arbeitnehmer in seiner Arbeitszeit geleistet hat.
Der **Akkordlohn** basiert auf der Leistung des Arbeitnehmers. Es ist unerheblich, wie lange ein Arbeitnehmer arbeitet. Der Lohn richtet sich danach, was er in seiner Arbeitszeit schafft.

3 a) Zeitlohn ist angebracht, wenn
- überwiegend Qualitätsarbeit anfällt und/oder Sorgfalt und Gewissenhaftigkeit im Mittelpunkt stehen,
- Maschinen das Arbeitstempo vorschreiben,

- der Arbeitnehmer keine Einflussmöglichkeit auf die Arbeitsmenge hat,
- ein übersteigertes Arbeitstempo zu Unfällen und Maschinenschäden führen würde.

b) **Akkordlohn** ist sinnvoll, wenn
- der Arbeitgeber die Arbeitsleistung des Arbeitnehmers beeinflussen will,
- der Arbeitnehmer die Möglichkeit haben will, seine eigene Arbeitsleistung und seinen Lohn zu beeinflussen.

4 Der Arbeitnehmer muss pro Tag 60,00 €/0,125 € = **480 Stück** fertigen.

5 Minutenfaktor = 10,00 €/60 min = 0,17 €/min
Bruttolohn = 480 Stück · 1 min/Stück · 0,17 €/min = **81,60 €**
Der Arbeitnehmer bekommt jetzt 81,60 € statt 60,00 €. Der Zeitakkord ist für ihn also günstiger.

6 Prämienzahlungen sind sinnvoll, wenn eine Mehrleistung belohnt werden soll. Hier einige Beispiele für besondere Leistungen des Arbeitnehmers, die durch Prämienzahlungen zusätzlich vergütet werden können:
- Umsatzprämien für Umsatzsteigerungen durch besonderes Verkaufs- und Verhandlungsgeschick.
- Quantitätsprämien für schnelles Arbeiten und die dadurch erreichte Mehrleistung.
- Sorgfaltsprämien bei der Herstellung technisch hochwertiger und sensibler Produkte.
- Nutzungs- und Ersparnisprämien, wenn in einem Betrieb durch Materialverschwendung hohe Kosten entstanden sind.
- Terminprämien, wenn ein bestimmter Termin eingehalten werden soll (z. B. beim Hausbau).

7 Es geht nicht so sehr darum, den Arbeitnehmer zum **Teilhaber** zu machen, vielmehr soll er sich mehr mit dem Unternehmen identifizieren. Durch den finanziellen Anreiz der Gewinnbeteiligung soll der Arbeitnehmer dazu motiviert werden, bessere Leistungen zu erbringen. Teilhaber wird der Arbeitnehmer nur bei Ausgabe von Belegschaftsaktien, aber auch hier nur in minimalem Maß.

8
- Im **ersten Fall** ist ein Zeitlohn angesagt, da die Betreuung von Menschen zeitaufwändig ist und sorgfältig gemacht werden muss. Der soziale Aspekt spielt hier eine Rolle, man kann Menschen nicht einfach „abfertigen".
- Im **zweiten Fall** kommt es auf die genaue Arbeit an. Handelt es sich darum, dass ein bestimmter Text getippt werden soll, so ist sicherlich ein Akkordlohn möglich, damit der Arbeitgeber die erbrachte Leistung kontrollieren kann. Handelt es sich aber z. B. um einen Arbeitsplatz in einem Sekretariat, ist der Stundenlohn sinnvoll, da der Arbeitnehmer seine Leistung nicht selbst beeinflussen kann.
- Handelt es sich im **dritten Fall** um Fertigung am Fließband, kann der einzelne Arbeitnehmer seine Arbeitsleistung nicht beeinflussen und folglich ist ein Zeitlohn zu zahlen. Handelt es sich aber um Fertigungsinseln oder -gruppen, kann der Einzelne oder die Gruppe sein/ihr Arbeitsergebnis beeinflussen und es wäre Leistungslohn möglich.

6.2 Gerechte Entlohnung (Lehrbuch S. 199)

1 *Individuell zu beantworten.*

2 Eine **Arbeitsplatzbeschreibung** enthält folgende Punkte:
- Bezeichnung der Stelle,
- Einordnung der Stelle (Unterstellungsverhältnis, Überstellungsverhältnis, Dienstrang),
- Stellvertretung,
- Benennung der Aufgaben (inkl. Zielsetzungen, Tätigkeiten, Entscheidungsbefugnissen, Verantwortungsbereich, Informationspflichten),
- Stellenbeschreibung (Anforderungen an den Arbeitnehmer),
- Ausstattung des Arbeitsplatzes.

3 a) *Individuell zu beantworten.*

b) Auf alle Fälle ist die analytische Arbeitsbewertung **genauer**, das heißt aber nicht unbedingt **gerechter** als die pauschale Einordnung bei der summarischen Arbeitsbewertung. Wahrscheinlich wird ein Arbeitnehmer das Verfahren als gerechter ansehen, das für ihn eine bessere Einordnung bzw. einen höheren Lohn erbringt.

4 Der **Ecklohn** ist ein tariflich festgesetzter Stundenlohn für einen über 21-jährigen Facharbeiter einer mittleren Lohngruppe, der 100 % gesetzt wird. Aus diesem Ecklohn werden durch prozentuale Zu- oder Abschläge die Tariflöhne der übrigen Gruppen errechnet.

5 a) Analytische Arbeitsbewertung Installateur (Beispiel):

Anforderungsarten (Genfer Schema/REFA)		Max. Punkte	Installateur
Können	• Berufsausbildung • Fachkenntnisse • Denkfähigkeit • Geschicklichkeit	5 6 4 3	3 4 3 3
Belastung	• Aufmerksamkeit, Konzentration • körperliche Belastung • Ausdauer	5 5 3	4 4 2
Verantwortung	• für Arbeitsmittel und Produkte • für die Arbeit und Sicherheit anderer	4 4	2 3
Arbeitsbedingungen	• Unfallgefahren • Staub, Nässe usw. • Lichtverhältnisse, Geräuschpegel	3 3 3	2 2 2
Summe der Teilarbeitswerte:		**48**	**34**

Die Schüler können natürlich auch zu einem anderen Arbeitswert kommen. Das hier aufgeführte Beispiel zeigt, dass der Installateur in die gleiche Lohngruppe eingestuft würde wie die Sekretärin im Lehrbuch auf S. 197 und zwar in Lohngruppe V (bei sechs Lohngruppen mit Stufen bei: bis 8 Pkt. = Gr. I, bis 16 Pkt. = Gr. II usw., bis 48 Pkt. = Gr. VI).
b) Vorschlag für den Gerüstbauer: Gruppe III (andere Lösungen dürften nicht weit davon entfernt liegen).

6 a) Die Berücksichtigung **familiärer Verhältnisse** ist nicht unbedingt Aufgabe des Arbeitgebers, sondern fällt in den Bereich des Staates, wo dies auch tatsächlich im Steuersystem seinen Niederschlag findet (Kindergeld, -freibeträge, Splittingtarif).
b) Einerseits sollte bei der Entlohnung in erster Linie die individuelle Leistung berücksichtigt werden. Es spricht aber auch nichts dagegen, die Dauer der **Betriebszugehörigkeit** bei der Entlohnung einzubeziehen und damit Betriebstreue und langjährige Erfahrungen zu honorieren.
c) Sollte die Position aufgrund einer **höheren Ausbildung** objektiv besser ausgefüllt werden, spricht einiges dafür, dies bei der Entlohnung entsprechend zu berücksichtigen.
d) Die **Benachteiligung von Frauen** im Berufsleben ist historisch bedingt und immer noch anzutreffen. Viele Maßnahmen sind jedoch bereits ergriffen worden, um die Diskriminierungen zu beseitigen: z. B. Stellenausschreibungen (grundsätzlich für männliche und weibliche Bewerber), Zugang von Frauen zu Führungspositionen, Einführung der gesetzlichen Frauenquote in Aufsichtsräten ab 2016, Verwendung von männlichen und weiblichen Formen bei der Anrede von Personen und Personengruppen, Forderung und Durchsetzung eines gleichen Lohns für Frauen und Männer bei gleicher Arbeit, gleiche Ausbildungschancen.

7 a) Arbeitslose sollten im Zuge der Hartz-IV-Gesetzgebung als **Leiharbeiter** wieder in den Arbeitsmarkt integriert werden. Da sie von ihrer Arbeit oft nicht leben können, stockt der Staat den Lohn auf. Eigentlich gibt es aber keinen Grund, einen Arbeitnehmer bei gleicher Arbeit (und gleicher Leistung) anders zu bezahlen als die **Stammbelegschaft**.
Häufig wird einem Arbeitnehmer auch ein **Werkvertrag** angeboten, anstatt ihn regulär einzustellen. Dann gilt er nämlich als Selbstständiger und die Personalkosten sind für den Arbeitgeber „frei" verhandelbar und damit günstiger. Da es sich dann aber oft um eine Scheinselbstständigkeit handelt, sind solche Verträge eigentlich unrechtmäßig.

b) Der **Mindestlohn** wird in der Politik stark diskutiert und wird durch die Große Koalition wohl eingeführt werden, wobei die Details durchaus noch umstritten sind (siehe auch Lehrbuch S. 253/254). Die Schülerinnen und Schüler sollen hier ihre eigene Meinung darlegen und begründen (ggf. Vor- und Nachteile).

c) Sehr hohe **Gehälter in den Chefetagen** werden von vielen Bürgen als ungerechtfertigt angesehen.
- Die Bürger der Schweiz haben es aber dennoch in einer Volksabstimmung im Nov. 2013 abgelehnt, dass das Monatsgehalt eines Managers maximal zwölfmal so groß sein darf, wie der Lohn eines einfachen Arbeiters im selben Unternehmen.
- Die Große Koalition hatte ursprünglich vor, dass die Hauptversammlung in Aktiengesellschaften den Faktor festlegen soll, um den die Managergehälter über dem Durchschnittsgehalt der Angestellten liegen dürfen.
- Einen ähnlichen Vorstoß hat die EU-Kommission zurzeit in Arbeit.

8 a) Das **Entgeltrahmenabkommen (ERA)** ist eine neue Tarifstruktur für die gesamt Metall- und Elektroindustrie und wurde bundesweit eingeführt (begonnen 2003 und weitgehend abgeschlossen 2009). Die wesentlichen Ziele sind:
- Aufhebung von tradierten Begriffen (Arbeiter und Angestellte → Beschäftigte; Lohn und Gehalt → Entgelt),
- Zusammenführung von Rahmentarifverträgen und Lohn- und Gehaltstarifverträgen,
- einheitliches Entgeltsystem für alle Beschäftigten,
- höheres Maß an Gerechtigkeit,
- Berücksichtigung von individuellen Stärken und gemeinsamen Rechten,
- Zusammenfassung von Tarifgebieten (vorher 21, jetzt nur noch 11).

b) Im ERA gibt es zwei Tarifkomponenten für alle Beschäftigten einheitlich:
- **Grundvergütung**: Eingruppierung nach anforderungsbezogenen Merkmalen (Können, Zusammenarbeit, Handlungs- und Entscheidungsspielraum, Mitarbeiterführung); Beschreibungsmethodik: summarisch, seltener auch analytisch
- **Leistungsvergütung**: Differenzierung durch unterschiedliche Leistungskriterien (Mengenausbringung, Produktivitätssteigerung, Kostenreduzierung, Termintreue)

6.3 Grundzüge der Lohnabrechnung (Lehrbuch S. 204)

1 Grundlohn (tariflich oder einzelvertraglich)

+ Zulagen (Leistungs-, Erschwernis- oder Gefahrenzulagen)
+ Zuschläge (Überstunden, Sonn- und Feiertagsarbeit, Nachtarbeit)
+ Zuwendungen (Urlaubsgeld, Weihnachtsgeld u. Ä.)

= **Bruttolohn**

2 Die **steuerlichen Abzüge** vom Bruttolohn, die ans Finanzamt gezahlt werden müssen, sind:
- Lohnsteuer (nach Einkommensteuertarif)
- Kirchensteuer (8 % oder 9 % je nach Bundesland)
- Solidaritätszuschlag (5,5 % von der Lohnsteuer)

3 Die **Sozialversicherungsabgaben**, die der Arbeitgeber vom Arbeitnehmer einbehalten und an die Krankenkasse (teilweise zur Weiterleitung an die anderen Versicherungen) überweisen muss, sind im Jahr 2014 (jeweils vom Bruttolohn):
- Rentenversicherung   9,45 %
- Krankenversicherung   8,2 %
- Pflegeversicherung   1,025 % (ggf. Zuschlag für über 23-jährige AN ohne Kind(er); Sonderregelung in Sachsen, s. Lehrbuch S. 37)
- Arbeitslosenversicherung 1,5 %

Was dann nach Abzug der Steuern und Sozialversicherungsabgaben vom Bruttolohn übrig bleibt, nennt man **Nettolohn**.

4 Vom Nettolohn können noch Zahlungen für vermögenswirksame Leistungen, Lohnpfändungen, -abtretungen oder -verrechnungen abgezogen werden. Deshalb ist der **Auszahlungsbetrag** u. U. niedriger als der Nettolohn.

5 *Wird individuell beantwortet.*
Beispiele:
- Azubi (ledig, keine Kinder) → Steuerklasse I
- Vater (verh., 2 Kinder in Ausbildung, Ehefrau arbeitet halbtags) → Steuerklasse III
- Mutter (halbtags beschäftigt, Ehemann arbeitet in Vollzeit) → Steuerklasse V
- Schwester (verh., Ehemann verdient etwa gleich viel) → Steuerklasse IV

6 *Wird individuell beantwortet.*
Folgende persönlichen Daten sind beim **Bundeszentralamt für Steuern (BZSt)** gespeichert:
- Name, Vorname, Geschlecht, Adresse, Geburtsdatum und -ort,
- drüber hinaus die Lohnsteuerabzugsmerkmale (zuständiges Finanzamt, Steuerklasse, Familienstand, Kinderzahl, Religionszugehörigkeit).

7 Die **Steuer-ID** hat 11 Stellen und ist eine Zufallszahl, aus der man keine Rückschlüsse auf die Daten des Inhabers schließen kann.

8 a) Herr Fischer müsste, wenn er nach **Steuerklasse III** besteuert würde, mit diesen Steuern rechnen:
- Lohnsteuer   = 121,00 €
- Solidaritätszuschlag =   0,00 €
- Kirchensteuer   =   9,68 €
= Steuern insgesamt = 130,68 €
Das ist gegenüber dem Beispiel auf S. 203 im Lehrbuch fast nur noch ein Drittel; d. h. Heiraten lohnt sich in diesem Fall, vgl. auch Lehrbuch S. 265/266.

b) Hätte Herr Fischer ein Kind, würde sich das steuerlich wie folgt auswirken:
- Kinder haben auf die Höhe der Lohnsteuer keinen Einfluss.
- Beim Soli-Zuschlag gibt es Freibeträge für Kinder, da der Beitrag aber sowieso schon bei Null liegt, gibt es keine Verbesserung.
- Auch bei der Kirchensteuer sind Freibeträge für Kinder vorgesehen, sodass Herr Fischer hier nur noch 1,05 € KiSt zahlen müsste.

9 Herr Meyer muss als Verheirateter mit zwei Kindern im Jahr 2014 bei diesem Einkommen keinen Solidaritätszuschlag und keine Kirchensteuer zahlen. Zu den Beitragssätzen für die Sozialversicherungen siehe Lehrbuch S. 201. (Berechnung mit www.nettolohn.de)

Lohnabrechnung für Frank Meyer			
Bruttolohn			**3.045,00 €**
– Lohnsteuer	III / 2	230,16 €	
– Solidaritätszuschlag	5,500 %	0,00 €	
– Kirchensteuer	9,000 %	0,00 €	
– Krankenversicherung	8,200 %	249,70 €	
– Pflegeversicherung	1,025 %	31,22 €	
– Rentenversicherung	9,450 %	287,76 €	
– Arbeitslosenversicherung	1,500 %	45,68 €	
Nettolohn			**2.200,48 €**

6.4 Wirtschaftliche Aspekte der Entlohnung (Lehrbuch S. 209)

1 Die **Personalkosten des Arbeitgebers** sind deshalb höher als der Bruttolohn, weil er zusätzlich zum Bruttolohn des Arbeitnehmers noch den Arbeitgeberanteil zur Sozialversicherung zahlen muss (fast genauso hoch wie der Arbeitnehmerbeitrag). Weitere Personalzusatzkosten des Arbeitgebers siehe nächste Aufgabe.

2 a) **gesetzlich/tariflich vorgeschriebene Lohnzusatzkosten:**
- Beiträge zur Sozialversicherung (RV, KV, PV, AV)
- Beitrag zur Unfallversicherung (UV)
- Entgeltfortzahlungen (Krankheitsfall, Urlaubs- und Feiertage, Mutterschutz, Schwerbehinderung)

b) **freiwillige Lohnzusatzkosten:**
- betriebliche Altersversorgung
- Urlaubs- und Weihnachtsgeld
- Fahrtkostenzuschuss
- Gratifikationen etc.

3 Die Gewerkschaften waren in der Finanzkrise in Deutschland mit ihren Lohnforderungen relativ zurückhaltend. Dies hatte zur Folge, dass die Lohnstückkosten (und da gehen die gesamten Personalkosten ein) in Deutschland relativ niedrig waren und die **Wettbewerbsfähigkeit** Deutschlands im internationalen Vergleich sehr günstig war, was auch an den hohen Exportüberschüssen abzulesen ist.

4 Die Mitarbeiter werden durch die **hohen Lohnzusatzkosten** in den Betrieb eingebunden, sie identifizieren sich damit, sehen, dass ihre Leistungen wertgeschätzt werden und sind deshalb motivierter für ihre Arbeit.

5 a) Die **Arbeitsproduktivität** ist das Verhältnis der erzeugten Menge zur eingesetzten Arbeit. Diese Größe spielt insbesondere bei Lohnverhandlungen mit den Gewerkschaften eine große Rolle. Ist die Arbeitsproduktivität gestiegen, heißt das ja, dass die Arbeitnehmer durch ihren Einsatz mehr produziert haben, was sich dann auch (zu Recht) in der Höhe ihres Lohns widerspiegeln sollte.

b) Die Arbeitsproduktivität kann auf zweierlei Weise **gesteigert** werden:
- Eine Möglichkeit besteht darin, die erzeugte Menge (bei gleicher eingesetzter Arbeitszeit) zu erhöhen. Dies ist durch eine Intensivierung der Arbeit (Leistungsanreize, Schulungen) möglich oder durch einen stärkeren Einsatz von Maschinen (Rationalisierung) und technischen Neuerungen (Innovation).
- Die andere Möglichkeit besteht darin, bei gleicher erzeugter Menge die eingesetzte Arbeit zu reduzieren, d. h. wiederum zu rationalisieren und damit Arbeitskräfte zu entlassen.

c) Die **Lohnstückkosten** sind das Verhältnis von Stundenlohn zu Produktivität. Sind die Stundenlöhne zwar hoch, aber die Produktivität dazu auch sehr hoch, so kann der Quotient aus beiden günstiger sein als in einem Land mit niedrigen Löhnen aber auch sehr niedriger Produktivität (vgl. Beispiel im Lehrbuch auf S. 207)

6 a) Der Zeichner will mit der **Karikatur** ausdrücken, dass Maschinen die Arbeitsplätze von mehreren Arbeitnehmern gleichzeitig übernehmen können. Das ist für die Unternehmen auf Dauer natürlich billiger, deshalb werden viele Arbeitnehmer entlassen und ihre Arbeitskraft durch Maschinen ersetzt.

b) Durch den Einsatz von leistungsfähigen Maschinen kann ein Arbeitnehmer mehr Produkte herstellen und/oder in kürzerer Zeit. Nach der Definition der **Arbeitsproduktivität** steigt diese dadurch an.

7 a) Die **Lohn-Preis-Spirale** oder Preis-Lohn-Spirale besagt, dass
- die Gewerkschaften höhere Löhne fordern, wenn die Preise stetig steigen und dadurch die Kaufkraft des Lohns sinkt,
- die Unternehmen die Preise erhöhen, wenn die Gewerkschaften hohe Löhne fordern.

Beide Phänomene können sich gegenseitig aufschaukeln.

b) Laut der Grafik im Lehrbuch auf S. 208 sind in den letzten 10 Jahren die Bruttolöhne um ca. 17,5 % und die Nettolöhne um 17,2 % gestiegen. Die **Inflation** hat diese Steigerung aber so gut wie „aufgefressen", da der Reallohn in der gleichen Zeit minimal – aber immerhin – um ca. 1 % gesunken ist.

c) Der **Reallohn** hängt mit der Kaufkraft des Geldes zusammen. Sinken die Reallöhne, kann man sich weniger leisten. Die Gewerkschaften werden sich also dafür einsetzen, dass die Löhne so erhöht werden, dass auch der Reallohn steigt.

Für die Gesamtwirtschaft bedeuten sinkende Reallöhne, dass der Staat die Inflationsrate senken muss. Durch sinkende Reallöhne ist kein Sparanreiz mehr gegeben, dadurch werden Kredite teurer und die Unternehmen investieren nicht mehr so viel.

HOT – Handlungsorientierte Themenbearbeitung Kapitel 6 (Lehrbuch S. 210)

1 a) Arbeitsplatzbeschreibung Schreiner (Beispiel):

Arbeitsplatzbeschreibung	
Bezeichnung der Stelle	Geselle Schreiner/-in (für Küchenmöbel)
Einordnung der Stelle	• alle Schreiner arbeiten in einem Team • die Teams sind jeweils einem der vier Werkstattmeister zugeordnet
Vertretungen	• innerhalb eines Teams müssen sich alle gegenseitig vertreten können • bei mind. 6-jähriger Berufserfahrung Übernahme von Koordinierungsaufgaben
Aufgaben	• Zuschneiden, Furnieren, Schleifen von Tischlerplatten • Erstellen und Montage von Küchenmöbeln • sorgfältiger Umgang mit Farben, Lacken, Holzschutzmitteln • Erstellen von Holzverbindungen aller Art • eigene Verantwortung für Küchenprojekte unter Aufsicht eines Meisters • Informationspflichten über Probleme, Termineinhaltung, Verbesserungen
Anforderungen	• anerkannte Lehre als Schreiner plus mind. 3 Jahre Berufserfahrung • ausreichende Kenntnisse verschiedener Holzarten und deren Eigenschaften • Erfahrungen in der Herstellung von individuellen Einzelstücken und Kleinserien • körperliche Fitness (Stehen, Tragen, Bücken, Lärm und Staub)
Ausstattung	• Ausstattung mit Kleinwerkzeugen für die alleinige Nutzung • Nutzung aller Großmaschinen in der Schreinerei • eigener Schreibtischbereich im Büro für Ausarbeitung der Pläne • PC für Vor- und Nachkalkulation und in Ausnahmefällen für Kundenkontakte

b) Hier können die Schülerinnen und Schüler natürlich zu unterschiedlichen Ergebnissen kommen. Vorschlag:

Anforderungsarten (Genfer Schema/REFA)		Max. Punkte	Kfz-Fahrer	Sanitärfachkraft
Können	• Berufsausbildung	5	4	5
	• Fachkenntnisse	6	2	6
	• Denkfähigkeit	4	2	3
	• Geschicklichkeit	3	1	2
Belastung	• Aufmerksamkeit, Konzentration	5	5	4
	• körperliche Belastung	5	2	4
	• Ausdauer	3	2	2
Verantwortung	• für Arbeitsmittel und Produkte	4	3	4
	• für die Arbeit und Sicherheit anderer	4	3	3
Arbeitsbedingungen	• Unfallgefahren	3	3	2
	• Staub, Nässe usw.	3	1	3
	• Lichtverhältnisse, Geräuschpegel	3	1	1
Summe der Teilarbeitswerte:		**48**	**29**	**39**

c) Bei sechs **Lohngruppen** und max. 48 Punkten würde der Kfz-Fahrer mit 29 Punkten in Lohngruppe IV und die Sanitärfachkraft mit 39 Punkten in Gruppe V eingeordnet.

d) Bei einer ähnlichen **Lohngruppen-Definition** wie im Lehrbuch auf S. 196 könnte der angelernte Möbelmonteur in Gruppe III und die beiden Schreiner in Gruppe V oder sogar VI eingeordnet werden.

2 a) Wahl der Lohnformen (Vorschlag):

	Zeitlohn	Akkordlohn	Prämienlohn	Beteiligungs-lohn	Begründung
Schreiner	×		×		z. B. Prämie für Einsparungen, Termineinhaltung
Schreinermeister	×			×	Meister trägt wesentlich zum Erfolg des Unternehmens bei
Möbelmonteur		×			Monteur kann Tempo selbst bestimmen
Sanitärfachkraft	×		×		z. B. Prämie für besondere Sorgfalt
Kfz-Fahrer	×				Arbeit ist abhängig von der Auftragslage

b) Auszubildende erhalten weder Lohn noch Gehalt, sondern eine **Ausbildungsvergütung**. Die aufgeführten Lohnformen sind dabei nicht zulässig.
c) **Wochenlohn für den Kfz-Fahrer** = 5 Tage · 7,5 Std. · 11,50 € = <u>431,25 €</u>
d) **Tageslohn (brutto) Schreiner** = 15 Schubladen · 30 Min./Stück · 0,2 €/Min. = <u>90,00 €</u>
e) **Prämien** würden sich anbieten bei:
 • Schreiner: für Qualität der Arbeit, sparsamen Holzschnitt, Termineinhaltung
 • Möbelmonteur: für schnelles Arbeiten
 • Schreinermeister: für erfolgreiche Projekte, Termineinhaltung

3 a) Nettolohn Schreinermeister (Berechnung mit www.nettolohn.de):

Lohnabrechnung für den Schreinermeister			
Bruttolohn			3.225,00 €
– Lohnsteuer	III / 2	268,66 €	
– Solidaritätszuschlag	5,500 %	0,00 €	
– Kirchensteuer	9,000 %	1,57 €	
– Krankenversicherung	8,200 %	264,46 €	
– Pflegeversicherung	1,025 %	33,06 €	
– Rentenversicherung	9,450 %	304,77 €	
– Arbeitslosenversicherung	1,500 %	48,38 €	
Nettolohn			2.304,10 €

b) **Durchschnittssteuersatz**: 268,66 €/3.225,00 € · 100 = 8,3 %
 Auf den neuen Bruttolohn von 3.325,00 € müssen 290,33 € Lohnsteuer (Berechnung mit www.nettolohn.de) gezahlt werden, also beträgt der **Grenzsteuersatz**:
 290,33 € – 268,66 € = 21,67 € (d. h. auf die 100,00 € Gehaltserhöhung entfallen 21,7 % Steuern).
c) Der Monatslohn für den Schreinermeister beträgt mit dem Weihnachtsgeld im November
 3.225,00 € · 1,75 = 5.643,75 €.
 Darauf entfallen dann 894,00 € Lohnsteuer (Berechnung mit www.nettolohn.de).

Durchschnittssteuersatz: 894,00 € /5.643,75 € · 100 = 15,8 % (also fast doppelt so viel wie unter b).

Auf den erhöhten Bruttolohn von 5.743,75 € müssen 923,83 € Steuern gezahlt werden, also beträgt der **Grenzsteuersatz**:
923,83 € – 894,00 € = 29,83 € (d. h. auf die 100,00 € Gehaltserhöhung entfallen 29,8 % Steuern).

d) Angenommen, der durchschnittliche Bruttolohn bei dem Küchenhersteller beträgt 2.500,00 € je Angestelltem, dann gilt:
- jährl. Lohnsumme = 40 · 2.500,00 € · 12 = 1.200.000,00 €
- jährl. Beitrag zur Unfallversicherung = 40 · 37,50 € · 12 = 18.000,00 €, das entspricht einem Prozentsatz von 1,5 %.

Dazu kommt noch der Arbeitgeberanteil zur Sozialversicherung, dieser beträgt im Jahr 2014 19,275 % (vgl. Lehrbuch S. 201). Damit ergeben sich insgesamt 20,8 % Personalzusatzkosten für den Arbeitgeber.

e)   75 % Weihnachtsgeld = 40 · 1.875,00 € =   75.000,00 €
+ 50 % Urlaubsgeld   = 40 · 1.250,00 € =   50.000,00 €
= gesamt   = 125.000,00 €,
das entspricht einem Prozentsatz von 10,4 %.
Damit ergeben sich zusammen mit den Personalnebenkosten aus Aufgabe d) 20,8 % + 10,4 % = 31,2 %.

f)
- Bruttolohn   = 3.375,00 €
- Nettolohn (nominal)   = 2.389,29 € (Berechnung mit www.nettolohn.de)
- Nettolohn (real)   = 2.322,39 € (bei einer Inflationsrate von 2,8 %)

Dem Schreinermeister verbleiben von der **Gehaltserhöhung real** nur noch 2.322,39 € – 2.304,10 € (= Nettolohn vor Gehaltserhöhung, siehe Aufgabe a) = <u>18,29 €</u>.

Kapitel 7: Soziale Marktwirtschaft

7.1 Markt als Koordinator von Angebot und Nachfrage (Lehrbuch S. 217)

1 a) Unter einem **Markt** versteht man das Zusammentreffen von Angebot und Nachfrage in Bezug auf ein bestimmtes Produkt.
b) Beispiele für **konkrete Märkte**: Wochenmarkt, Flohmarkt, Weihnachtsmarkt, Börse, Messe.
Beispiele für **virtuelle Märkte**: Arbeitsmarkt, Automarkt, Finanzmarkt, Agrarmarkt, Immobilienmarkt.

2 Je weniger **Anbieter** es gibt, desto größer ist deren Marktmacht, da sie die Preise eher beeinflussen können. In diesem Lehrbuch werden nur die Marktformen mit **vielen Nachfragern** betrachtet. Der einzelne Käufer hat dabei keine Marktmacht, er muss den Preis des Anbieters akzeptieren (er ist „Preisnehmer").

3 a) Ein **polypolistischer Anbieter** ist einer von vielen Anbietern. Würde er den Preis erhöhen, würde er seinen Marktanteil verlieren – seine Markmacht ist dadurch sehr gering. Er könnte aber versuchen, sich durch Qualität und Service etc. von den anderen Anbietern abzusetzen.
b) Die Anbieter in einem **Oligopol** können ihre Preise senken und dadurch versuchen, die Nachfrage nach ihren Produkten zu erhöhen. Sie können stattdessen aber auch Qualität oder Service verbessern, um Kunden zu gewinnen. Oder sie sprechen sich gegenseitig über die Preise ab, was aber verboten ist.
c) Auch der **Monopolist** kann in der Regel den Preis nicht beliebig erhöhen, da es für die Käufer natürlich eine „Schmerzgrenze" gibt, ab der sie sich von einem Produkt weniger kaufen, ganz darauf verzichten oder auf Ersatzprodukte ausweichen.

4 a) Unter **administrierten Preisen** versteht man Preise für Güter und Leistungen, die vom Staat beeinflusst sind (administrieren (lat.) = verwalten).
b)
- **festgesetzte Preise**: Rundfunk- und Fernsehgebühren, Müllgebühren, Verwaltungsgebühren, Theater, Hallenbad
- **genehmigte Preise**: Honorare der freien Berufe (Ärzte, Rechtsanwälte, Architekten etc.), Posttarife, Versicherungen
- **beeinflusste Preise**: Kraftstoffe, Agrarerzeugnisse, Tabakwaren (hauptsächlich beeinflusst durch Steuern und Zölle)

5 a) Die **Nachfrage** nach einem Produkt sinkt, wenn der Preis steigt. Sinkt der Preis, so steigt die Nachfrage. Auf der anderen Seite steigt das **Angebot**, wenn der Preis steigt, und es sinkt, wenn der Preis sinkt.

b) • Der **Gleichgewichtspreis** ist der Preis, der sich auf dem „vollkommenen Markt" einspielt. Zu diesem Preis werden so viele Güter angeboten, wie auch nachgefragt werden.
• Ein **Angebotsüberschuss** entsteht, wenn bei einem bestimmten Preis das Angebot für ein Produkt größer ist als die Nachfrage.
• Ein **Nachfrageüberschuss** entsteht, wenn bei einem bestimmten Preis die Nachfrage größer ist als das Angebot.

c) Wie bei jedem „normalen" Gut wird die Nachfrage nach Brot sinken, wenn der Preis steigt (allerdings handelt es sich bei Brot um ein Grundnahrungsmittel, auf das die Konsumenten nur sehr schlecht verzichten können). Umgekehrt wird die Nachfrage nach Brot steigen, wenn der Preis sinkt (je nach Lebensstandard und Angebot wird die Nachfrage aber nicht beliebig steigen, da es ja noch andere Möglichkeiten der Ernährung gibt).

6 Die **Funktionen des Preises** in einer Marktwirtschaft sind:
• **Knappheitsfunktion**: Ein hoher Preis signalisiert, dass ein Gut knapp ist und umgekehrt.
• **Koordinationsfunktion**: Der Preis stimmt die Nachfragewünsche der Käufer und die Produktionspläne der Unternehmen aufeinander ab.
• **Verteilungsfunktion**: Die Preise sind bestimmend für den Lebensstandard bzw. die Produktionsplanung der einzelnen Wirtschaftssubjekte (je höher die Preise, desto weniger Güter kann man sich bei gegebenem Einkommen leisten und umgekehrt bzw. je höher die erzielten Preise für ein Gut, desto mehr lohnt es sich für Unternehmen die Produktion zusätzlich auszubauen).

7 a) Auf einem **vollkommenen Markt** müssen die angebotenen Produkte einheitlich („**homogen**") sein. Der Markt muss für alle Beteiligten vollständig überschaubar sein („**Transparenz**") und es darf keine Bevorzugung („**Präferenz**") eines Marktteilnehmers geben, die nicht mit dem Preis zusammenhängt.
b) Die Annahmen für dieses ökonomische Modell sind **wenig realistisch**, denn
• die Einheitlichkeit der Produkte ist oft nicht gegeben: Es gibt fast gleiche Produkte, die aber in unterschiedlicher Aufmachung angeboten werden.
• niemand hat einen generellen Überblick über sämtliche Angebote und die zugehörigen Preise.
• fast alle Menschen haben beim Einkaufen spezielle Vorlieben: sei es wegen der netten Verkäuferin, wegen des bequem erreichbaren Ladens um die Ecke oder wegen der längeren Öffnungszeiten.

8 a) Gerade bei Kleidung ist die Bedeutung von **Marken** sehr wichtig. Durch gezielte Werbung wird bei den Verbrauchern der Wunsch geweckt, bestimmte Artikel zu kaufen, obwohl sie teurer sind als vergleichbare Waren.
Durch die Beigabe von kleinen **Werbegeschenken** wie z. B. Spielsachen, wird der Absatz vieler Waren gefördert, da Kinder in diesem Fall ihre Eltern oft zum Kauf überreden können.
b) Fachgeschäfte bieten im Gegensatz zu Supermärkten nicht nur Waren an, sondern **beraten** ihre Kunden auch sehr oft. In kleinen Geschäften besteht häufiger ein persönlicher Kontakt, den viele Kunden zu schätzen wissen. Dafür nehmen die Kunden auch höhere Preise in Kauf.

7.2 Wettbewerbsstörungen (Lehrbuch S. 225)

1 Gründe für Unternehmenszusammenarbeit bzw. Zusammenschlüsse:
• Beschränkung des Wettbewerbs,
• Kostenvorteile,
• größere Marktmacht,
• Risikoreduzierung.

2 a) Formen von Unternehmenszusammenschlüssen:
• **horizontal**: Unternehmen der **gleichen** Produktionsstufe schließen sich zusammen
• **vertikal**: Unternehmen **nachgelagerter** Produktionsstufen schließen sich zusammen
• **diagonal**: Unternehmen **verschiedener** Produktionsstufen schließen sich zusammen
b) Je nach der Intensität der Zusammenarbeit unterscheidet man:
• **Kooperationsformen**: relativ lose, oft vorübergehende, manchmal auch verbotene Zusammenarbeit.
• **Konzentrationsformen**: mehr oder weniger enge wirtschaftliche und rechtliche Verflechtung von Unternehmen.

c) • Bei einem **Kartell** verabreden Unternehmen der gleichen Produktionsstufe eine Zusammenarbeit auf bestimmten Gebieten.
• **Konzerne** sind Zusammenschlüsse verschiedener Unternehmen zu einer wirtschaftlichen Einheit durch Kapitalbeteiligung.
• Von einem **Trust** spricht man, wenn sich Unternehmen sowohl wirtschaftlich als auch rechtlich zusammenschließen.

d)

	Kartell	Konzern	Trust
wirtschaftliche Selbstständigkeit	teilweise eingeschränkt	durch einheitliche Leitung aufgegeben	keine Selbstständigkeit
rechtliche Selbstständigkeit	bleibt erhalten	bleibt erhalten	keine Selbstständigkeit

3 a) Arten von Kartellen:
 • **Preiskartell**: Absprache über Preise und ggf. Konditionen
 • **Gebietskartell**: Zuteilung von alleinigen Absatzgebieten an die beteiligten Unternehmen
 • **Quotenkartell**: Aufteilung der angefragten Liefermengen auf die beteiligten Unternehmen
 • **Normen- und Typenkartell**: Verabredung von einheitlichen Normen
 b) Der Wettbewerb wird durch **Kartelle** beeinträchtigt, wodurch dem Verbraucher Nachteile entstehen. Die **Marktwirtschaft** verlangt aber einen freien Wettbewerb, der den Markt durch Nachfrage und Angebot reguliert.

4 a) Die **staatlichen Wettbewerbsbeschränkungen** gelten nur für die Privatwirtschaft. Sie dienen dem Verbraucherschutz. Die Maßnahmen des Staates sollen die Wirtschaft unterstützen und damit den Lebensstandard der Bevölkerung erhalten oder erhöhen. Sie dienen der Arbeitsplatzerhaltung und der sozialen Absicherung.
 b) Eingriffe des Staates, die den freien **Wettbewerb stören** bzw. verhindern sind u. a.:
 • Festsetzung von Preisen (z. B. im Gesundheitswesen und in der öffentlichen Versorgung),
 • Subventionen (z. B. im Bergbau und der Agrarwirtschaft),
 • Steuervergünstigungen (für bestimmte Unternehmen, Branchen).

5 **Vorteile**: Auf der einen Seite wird durch die **Globalisierung/Internationalisierung** das Angebot an Waren und Dienstleistungen größer und es entstehen erweiterte Absatzchancen. Die Produktion der Waren kann im jeweiligen Abnehmerland erfolgen, wodurch bessere Reaktionsmöglichkeiten auf die Besonderheiten der Länder möglich sind oder in Länder verlagert werden, in denen die Produktion vergleichsweise kostengünstig ist. Der Kapitalverkehr gestaltet sich freizügiger, ebenso wie der Austausch von Patenten und Lizenzen. Außerdem können internationale Unternehmen gegründet werden, die sich Produktion, Vertrieb, Gewinn und Risiko gemeinsam teilen.
Nachteile: Auf der anderen Seite bedeutet der Wettbewerb für viele heimische Betriebe das Aus, da der Wirtschaftsstandort Deutschland durch hohe Steuern und Lohnzusatzkosten nicht attraktiv genug ist. Unternehmen werden aus diesem Grund in Länder mit niedrigeren Lohnniveaus abwandern oder ihre Produktion dorthin verlegen. Dabei werden der Sozialschutz der Mitarbeiter und der Umweltschutz häufig vernachlässigt. Außerdem können internationale Konzerne wirtschaftliche und damit auch politische Macht ausüben und sich durch die Verlagerung ihrer Produktion ins Ausland staatlichen Kontrollen entziehen.

6 a) **Hardcore-Kartelle** (wie z. B. Preiskartelle) sind dazu geeignet, einen der Grundpfeiler der marktwirtschaftlichen Ordnung – den freien Wettbewerb – außer Kraft zu setzen und sind deshalb grundsätzlich verboten.
 b) **Ausnahmen vom Kartellverbot** sind z. B. freigestellte Vereinbarungen über
 • gemeinsame Beschaffung und/oder gemeinsamen Vertrieb,
 • gemeinsame Forschung und Entwicklung,
 • wechselseitige Spezialisierung,
 • Rationalisierungsmaßnahmen bei Mittelstandskartellen,
 • Erzeugung und Absatz landwirtschaftlicher Produkte,
 • Preisbindung.

c) Ausnahmen vom Kartellverbot sind dann erlaubt, wenn sie den Wettbewerb nicht wesentlich behindern und auch die Verbraucher von Vorteilen profitieren. Ob dies der Fall ist, müssen die am Kartell beteiligten Unternehmen selbst entscheiden – diesen Vorgang nennt man **Legalausnahme**. Das Kartellamt behält sich jedoch vor, ein solches Kartell im Nachhinein zu überprüfen.
d) Das **Kartellamt** kann Bußgeld in beträchtlicher Höhe erheben oder eine Schadensersatzklage anstreben.
e) Zum Zeitpunkt der Lösungserstellung wurde u. a. über diese **Verfahren** berichtet:
- Kartellbuße gegen Bierbrauer wegen Preisabsprachen (106 Mio. Euro),
- Bußgelder gegen die drei größten deutschen Zuckerhersteller wegen Preis-, Quoten- und Gebietskartellen (280 Mio. Euro),
- Missbrauchsverfahren gegen die Deutsche Bahn wegen Fahrkartenvertrieb,
- Bußgelder gegen Tapetenhersteller wegen Preisabsprachen (17 Mio. Euro).

7 a) Auswirkungen von Wettbewerbsstörungen sind:
- überhöhte Preise (und dadurch Übervorteilung der Verbraucher),
- fehlende Konkurrenz (geringerer Wettbewerbsdruck durch andere Unternehmen),
- Beeinflussung wirtschaftspolitischer Instanzen,
- die Erhaltung eigentlich unwirtschaftlicher Betriebe.

b) Es gibt ein **europäisches Wettbewerbsrecht**, das im Zusammenwirken mit dem deutschen Kartellrecht ein recht erfolgreiches Instrument gegen Wettbewerbsbehinderungen darstellt.
Eine **internationale Wettbewerbsordnung** ist nicht in Aussicht, da es keine Organe/Behörden gibt, die Sanktionen im außereuropäischen Ausland auch tatsächlich durchsetzen könnten.

7.3 Bedeutung des Staates in der sozialen Marktwirtschaft (Lehrbuch S. 233)

1 a) Eine **Wirtschaftsordnung** ist die grundlegende Rechts- und Organisationsform einer Volkswirtschaft, innerhalb der die Wirtschaftssubjekte tätig werden und die Wirtschaftsprozesse ablaufen.
b) Von einer **idealtypischen Wirtschaftsordnung** spricht man, wenn es sich um ein (gedankliches) Modell handelt, an dem die grundlegenden Merkmale einer Wirtschaftsordnung aufgezeigt werden, das aber so in der Realität nicht vorkommt.
Im Gegensatz dazu stehen die **real-existierenden Wirtschaftsordnungen**, die so in verschiedenen Ländern praktiziert werden (wie z. B. die Wirtschaftsordnung der USA, der BRD oder von Chile oder Kuba).

2 a) Die (wirtschaftlichen) **Freiheitsrechte** des Grundgesetzes sind:
- wirtschaftliche Handlungs- und Vertragsfreiheit,
- Willkürverbot (gleiche Behandlung der Wirtschaftssubjekte, wobei sachlich gebotene Differenzierungen möglich sind),
- Vereinigungs- und Koalitionsfreiheit,
- Freizügigkeit (Wohnsitz und Arbeitsplatz),
- Berufs- und Gewerbefreiheit,
- Eigentumsrecht.

b) Grundgedanke der sozialen Marktwirtschaft ist der **Liberalismus**. Dieser besagt, dass es einer Nation gut geht, wenn die wirtschaftlichen Kräfte frei walten können. Um aber Absprachen zum Nachteil anderer Wirtschaftssubjekte zu verhindern, bedarf es **staatlicher Eingriffe**, damit der Wettbewerb funktioniert.

3 a) Das Festlegen einer Höchstmiete ist **marktkonträr**, da der Marktmechanismus außer Kraft gesetzt wird. Das Gewähren von Wohngeld ist **marktkonform**, da der Wettbewerb bestehen bleibt.
b) In der sozialen Marktwirtschaft steht der **Wohlstand der Bevölkerung** an erster Stelle. Kann dieser nicht durch den freien Wettbewerb garantiert werden, so schreitet der Staat ein. Die sozial Schwachen sollen durch das **soziale Netz** unterstützt werden. Daher sind die beschriebenen Maßnahmen mit der sozialen Marktwirtschaft im Einklang.

4 a) Folgende fünf **Merkmale** treffen auf die **soziale Marktwirtschaft** zu:
- Jeder hat das Recht auf **Privateigentum** und ist daher wirtschaftlich frei.

- Die **Preise am Markt** bilden sich normalerweise durch Angebot und Nachfrage, der Staat unterstützt aber bestimmte Branchen durch seine Subventions- und Steuerpolitik.
- Der **freie Wettbewerb** wird durch Gesetze garantiert.
- Es gibt ein breit gefächertes **System der sozialen Sicherung**, wie z. B. Sozialversicherungen, Elterngeld, Wohngeld.
- Der **Staat** stellt öffentliche Einrichtungen zur Verfügung und sorgt für den gesetzlichen Ordnungsrahmen.

b) Das **Privateigentum an den Produktionsmitteln** ist deshalb wichtig, weil der einzelne Unternehmer besser entscheiden kann, wie er diese Mittel einsetzt, um damit Gewinn zu erzielen, als ein staatliches und u. U. bürokratisches Gremium. Dadurch, dass der Unternehmer bei Verlusten sein eigenes Kapital riskiert, hat er selbst den größten Anreiz, wirtschaftlich rational zu handeln.

c) Die wichtigsten **Gesetze zum Schutz der Wettbewerbsfreiheit** sind:
- Gesetz gegen Wettbewerbsbeschränkungen (GWB bzw. Kartellgesetz),
- Gesetz gegen den unlauteren Wettbewerb (UWG),
- Gewerbeordnung (GewO),
- Verbraucherschutzgesetze.

d) **Sozialleistungen des Staates** sind u. a.:
- Sozialversicherungen (KV, RV, PV, AV, UV)
- Eltern-/Erziehungs-/Betreuungsgeld
- Wohngeld
- Entgeltfortzahlung im Krankheitsfall
- Förderung der privaten Vermögensbildung
- Kindergeld
- Ausbildungsförderung
- Sozialhilfe
- Jugendhilfe
- Ehegattensplitting

5 Dem **Staat** steht ein breites Spektrum von **Eingriffsmöglichkeiten** in das Wirtschaftsgeschehen zur Verfügung:
- Wettbewerbspolitik (wie unter c bereits genannt),
- Sozialpolitik (wie unter 4d bereits genannt),
- Einkommens- und Verteilungspolitik (z. B. über Steuern, Transferzahlungen und Subventionen),
- Umweltpolitik (Förderung erneuerbarer Energien, Begrenzung schädlicher Emissionen),
- Konjunkturpolitik (Abschreibungserleichterungen, Steuererhöhung bzw. -senkung, Sonderabgaben),
- Strukturpolitik (Hilfen für strukturschwache Regionen).

6 **Probleme** wie schlechte Arbeitsbedingungen, Kinderarbeit, zu lange Arbeitszeiten, zu wenig Urlaub und zu niedrige Löhne sind in der sozialen Marktwirtschaft **so gut wie ausgeschlossen**, da der Staat die Bevölkerung weitgehend durch Gesetze (z. B. Mindestlöhne) und Mitbestimmungsrechte (z. B. Betriebsverfassungsgesetz) schützt und die Tarifpartner die Arbeitsbedingungen und die Höhe der Löhne aushandeln (z. B. Tarifvertragsgesetz).

7 Die **Karikatur** möchte kritisch zum Ausdruck bringen, dass die Unternehmer in wirtschaftlich guten Zeiten den Staat auffordern, die Wirtschaft nicht einzuschränken, während sie in schlechten Zeiten die Verantwortung wieder auf den Staat abladen und Hilfe fordern.

7.4 Bruttoinlandsprodukt (BIP) als wirtschaftliche Messgröße (Lehrbuch S. 239)

1 a) **Beispiel zum Wertschöpfungsprozess**: In der Textilbranche wird in einem Betrieb Garn hergestellt und zu Stoffen verwoben. Die Löhne und der Gewinn beim Verkauf der Stoffe ergeben die Wertschöpfung. Im nächsten Betrieb werden Kleider daraus hergestellt. Die Ausgaben für den Stoff sind Vorleistungen, die Löhne und der Gewinn durch den Verkauf sind die Wertschöpfung. Anschließend werden die Kleider in einem Geschäft verkauft. Wieder müssen Löhne gezahlt werden, deren Betrag zusammen mit dem Gewinn wiederum zur Wertschöpfung beiträgt.

b) Die **Wertschöpfung** setzt sich aus dem Wert der vielen Einzelleistungen aller beschäftigten Menschen in einer Volkswirtschaft zusammen. Der Gegenwert dieser Leistungen spiegelt sich in den ausgezahlten Löhnen, Gehältern und Gewinnen wider. Daher kann man die Wertschöpfung über diese Größen ermitteln.

c) Wie man aus dem Beispiel für die Broterzeugung im Lehrbuch auf S. 234 ersehen kann, darf man z. B. auf der Stufe der Mehlerzeugung die **Vorleistung** nicht mitzählen, da diese ja schon auf der vorherigen Stufe der Getreideerzeugung in die Berechnung eingegangen ist (sonst käme es zu Doppelzählungen).

2 a) Das **Bruttoinlandsprodukt (BIP)** spielt im Wirtschaftsleben und auch in der Politik eine große Rolle, da damit die Wirtschaftsleistung eines Landes gemessen wird. Dieser Maßstab wird einerseits dafür verwendet, die Leistungen einer Volkswirtschaft im Zeitablauf zu beurteilen, andererseits dient er auch dazu, Vergleiche zu anderen Ländern zu ziehen.

b) Das BIP wird in den **Wirtschaftsbereichen** Landwirtschaft, Warenproduktionsgewerbe, Baugewerbe, Handel und Verkehr, Dienstleistung und Staat erarbeitet.

c) Das BIP wird auf die **Bevölkerungsgruppen** Unselbstständige (Arbeitnehmer) und Unternehmer verteilt.

d) **Verwendet wird das BIP** für den privaten Verbrauch, den Staatsverbrauch, für Investitionen und zur Finanzierung des Außenbeitrags.

3 Das Volkseinkommen und das verfügbare Volkseinkommen errechnen sich nach folgendem Schema:

Bruttoinlandsprodukt
– Produktions- und Importabgaben
– Abschreibungen
___

= **Volkseinkommen**
– direkte Steuern
+ Transferzahlungen
___

= **verfügbares Volkseinkommen**

4 Verschiebungen zwischen den Wirtschaftssektoren: Deutschland war bis Ende des 19. Jahrhunderts ein Agrarland (großer primärer Sektor) und bis ca. 1950 ein ausgesprochenes Industrieland (großer sekundärer Sektor). Seitdem sind die Dienstleistungen (tertiärer Sektor) immer bedeutender geworden: Handel, Banken, IT-Bereich, Verkehr, Kultur, Bildung und Forschung, Gesundheit. In diesen Bereichen sind die meisten Menschen beschäftigt und ist der Anteil am BIP am größten.

5 Die **Lohnquote** ist der Quotient aus Arbeitnehmereinkommen zum Volkseinkommen. Diese Größe spielt bei Lohnverhandlungen zwischen den Tarifparteien immer wieder eine große Rolle, um die Berechtigung von Lohnerhöhungen zu begründen und damit eine Verteilung zugunsten der Arbeitnehmer zu erreichen.

6 a) Die Leistungen der Wirtschaft – gemessen am **nominalen BIP** – sind in fast allen Jahren stetig gewachsen (vgl. Grafik im Lehrbuch auf S. 236). Ein Teil dieses Anstiegs rührt aber daher, dass die Preise von Waren und insbesondere von Dienstleistungen gestiegen sind. Rechnet man diesen Anstieg durch die Inflation heraus, so erhält man das **reale BIP**.

b) Aufgrund des **Unterschieds zwischen nominalem und realem BIP** ist ein vermeintlicher Zuwachs des BIP tatsächlich also gar nicht gegeben oder zumindest nicht in dem Maße, wie es das nominale BIP vorgibt. Wachstum wird also nur „vorgetäuscht".

7 a) Nicht im BIP berücksichtigt, weil sie keinen Marktpreis haben, sind u. a.:
- externe/soziale Kosten (z. B. Umweltzerstörung/-verschmutzung),
- Arbeiten im privaten Haushalt (z. B. Kindererziehung, Nachbarschaftshilfe),
- ehrenamtliche Tätigkeiten,
- Schwarzarbeit.

b) **Schwarzarbeit** umfasst alle Tätigkeiten unter Umgehung gesetzlicher Vorschriften wie z. B. der Gewerbeanmeldung, der Steuer- und Sozialversicherungspflicht und der Meldung bei der Arbeitsagentur. Daraus ergeben sich schwerwiegende Nachteile für:
- den Auftraggeber und den Auftragnehmer: beide machen sich strafbar (kein Kavaliersdelikt), es gibt keinen Vertrag (ggf. wäre er nichtig, da Verstoß gegen gesetzliche Vorschriften) und damit auch keinen Anspruch aus Mängelhaftung, keine Versicherung bei Unfällen etc.

die Gesellschaft: geringere Steuer- und Sozialversicherungseinnahmen (Betrug an der Gemeinschaft, von der man sonst alle möglichen Vorteile in Anspruch nimmt).
c) **Externe Kosten** sind Kosten, die andere verursachen, die aber die Gesellschaft oder Dritte zahlen und ertragen müssen. Beispiele dazu sind besonders im Umwelt-, Energie- und Verkehrsbereich zu finden, z. B.:
- Luftverschmutzung durch Autos und Industrieabgase,
- Lärmbelästigungen durch Straßenverkehr,
- Wasserverschmutzungen durch die Einleitung von Chemikalien,
- Zersiedelung von Landschaften,
- Ausbeutung der natürlichen Ressourcen.

Aber auch psychische Belastungen (z. B. durch Schicht- oder Akkordarbeit) und physische Belastungen des Menschen (z. B. Arbeitsunfälle, Berufskrankheiten) können externe Kosten verursachen.
d) Krankheiten und Unfälle bei der Arbeit, im Straßenverkehr, im Haus oder in der Freizeit können hohe Krankheits- und Folgekosten verursachen. Diese Kosten gehen als **Erhöhung in das BIP ein**, obwohl die Folgen für die Gesellschaft nachteilig sind (Arbeitsausfall, bleibende Behinderung, Verkehrsstaus etc.).

8 a) In einem **alternativen Wohlstandsindikator** sollten insbesondere Faktoren berücksichtigt werden, die die Lebensqualität der Menschen erhöhen, z. B.:
- Gesundheitswesen,
- politischer Ordnungsrahmen,
- Bildungswesen,
- Umweltschutz und Nachhaltigkeit.
- Bedingungen auf dem Arbeitsmarkt,

b) Die Zunahme des BIP eines Landes bedeutet eine höhere Wirtschaftsleistung (Wachstum). Damit steigt einerseits der „finanzielle Wohlstand" der Bevölkerung, die Menschen können sich mehr leisten etc., andererseits gehen damit ein höherer Ressourcenverbrauch und eine größere Umweltbelastung einher.

7.5 Probleme der sozialen Marktwirtschaft (Lehrbuch S. 258)

1 a) Hohe **Staatsschulden** bedeuten insbesondere:
- Entscheidungsspielraum des Staates über seine finanziellen Mittel ist eingeschränkt, wenn die Zinsausgaben für die Staatskredite immer mehr steigen.
- Mittel für andere wichtige Staatsaufgaben (z. B. Bildung, Infrastruktur) müssen gekürzt werden oder fehlen ganz.
- Der Staat verliert ggf. seine Bonität (Gläubiger fordern höhere Zinssätze).
- Ansteigende Zinssätze führen auch bei Privatkrediten zu höheren Zinsen.
- Auch verteilungspolitisch kommt es zu unerwünschten Effekten, da die Zinszahlungen für Staatsanleihen an eher vermögende Bürger gehen.

b)
- **Staatsquote**: Verhältnis der gesamten Staatsausgaben zum BIP
- **Abgabenquote**: Verhältnis von Steuern plus Sozialabgaben zum BIP
- **Steuerquote**: Verhältnis der Steuern zum BIP

c) Vor- und Nachteile:
- **Subventionen**: Bestimmte Branchen werden unterstützt zwecks Erhaltung von Arbeitsplätzen, dabei wird jedoch der notwendige Strukturwandel be- oder sogar verhindert.
- **Transferzahlungen**: Mit ihrer Hilfe wird die sozial schwache Bevölkerung unterstützt, was allerdings zu einer starken Belastung der öffentlichen Haushalte und u. U. zu einer Schwächung der Selbsthilfe und Eigeninitiative der Geförderten führt.

2 a) Die **Ziele des „magischen Sechsecks"** lauten:
- stabiles Preisniveau,
- stetiges und angemessenes Wirtschaftswachstum,
- hoher Beschäftigungsstand,
- lebenswerte Umwelt,
- außenwirtschaftliches Gleichgewicht,
- gerechte Einkommens- und Vermögensverteilung.

b) Zielerreichung:
- Da eine absolute **Preisniveaustabilität** wohl nicht erreicht werden kann, wird eine Inflationsrate (gemessen am VPI) von unter 2–3 % angestrebt und dies ist zumindest in Deutschland in den letzten Jahren auch tatsächlich erreicht worden.

- **Vollbeschäftigung** würde heißen, dass alle arbeitsfähigen und arbeitswilligen Personen in einem Beschäftigungsverhältnis stünden. Da dies kaum zu erreichen ist, wird angestrebt, die Arbeitslosigkeit zu minimieren und unter 3 % zu halten. Dieses Ziel ist in Deutschland in der jüngeren Vergangenheit mit einer Rate zwischen 5 % und zeitweise bis zu 10 % aber weitgehend verfehlt worden.
- Ein **außenwirtschaftliches Gleichgewicht** bestünde, wenn sich Import und Export in etwa die Waage halten würden. Tatsächlich hat Deutschland aber einen hohen Exportüberschuss, der von der EU und anderen Ländern stark kritisiert wird.
- Das **Wirtschaftswachstum** soll auf lange Sicht stetig sein, darf aber andere wirtschaftliche Ziele nicht behindern, d. h. es wird ein angemessenes Wachstum von nominal ca. 3–4 % angestrebt. Auch dieses Ziel ist in den letzten 10 Jahren nur selten erreicht worden.
- Die Bedeutung einer **lebenswerten Umwelt** für die Menschen ist in fast allen Bevölkerungsschichten in Deutschland erkannt worden und es sind viele Regelungen und Gesetze auf den Weg gebracht worden. Allerdings setzt sich auch oft ein kurzfristiges Denken und Gewinnstreben durch, wodurch es immer wieder zu eklatanten Verstößen kommt.
- Wie aus der Grafik im Lehrbuch auf S. 246 hervorgeht, gibt es in Deutschland eine große Ungleichverteilung beim Einkommen und insbesondere auch beim Vermögen, die sich in den letzten Jahren noch erhöht hat. Zwar ist eine Gleichverteilung sicher nicht anzustreben, aber eine **„gerechtere" Einkommens- und Vermögensverteilung** könnte dazu beitragen, dass es nicht zu einer „Neid-Diskussion" kommt.

c) Da sich zwischen fast allen wichtigen wirtschaftlichen Zielen Konflikte ergeben, grenzt es fast schon an **Magie**, wenn mehrere Ziele gleichzeitig erreicht werden können.

d) Beispiele für **Zielkonflikte**:
- Bei Vollbeschäftigung dürften die Bürger ein gutes Einkommen erzielen und entsprechend würde sich ein gutes Konsumklima entwickeln, d. h. gleichzeitig aber auch, dass die Preise wegen der erhöhten Nachfrage steigen (= Zielkonflikt Vollbeschäftigung/Preisniveaustabilität).
- Wächst die Wirtschaft, wird mehr produziert, was zugleich einen höheren Ressourcenverbrauch und eine stärkere Belastung der Umwelt bedeutet (= Zielkonflikt Wirtschaftswachstum/Erhalt einer lebenswerten Umwelt).

3 a) Instrumente der **Wirtschaftspolitik**:
- **Konjunkturpolitik** (Nachfrageerhöhung oder -drosselung, Verbesserung des Investitionsklimas),
- **Strukturpolitik** (Unterstützung für strukturschwache Regionen),
- **Geldpolitik** durch EZB und Bundesbank (Zins- und Währungspolitik),
- **Sozialpolitik**.

b) Erhöht sich die **Massenkaufkraft**, steht mehr Geld zur Verfügung und die Nachfrage steigt. Dadurch werden neue Investitionen getätigt und die gesamte Wirtschaft wird angekurbelt. Während bei einer **nachfrageorientierten Konjunkturpolitik** die Nachfrage erhöht wird, werden bei der **angebotsorientierten Konjunkturpolitik** die Produktionsbedingungen verbessert. Der erste Ansatz bietet eine kurzfristige Maßnahme zur Wiederherstellung des gesamtwirtschaftlichen Gleichgewichts, der zweite eine längerfristige.

c) Beeinflussung der **Geldversorgung durch die EZB**:
- Das wichtigste Instrument ist die Festlegung des **Leitzinses**, weil sich alle anderen Zinssätze tendenziell nach diesem Zinssatz richten (bei hohen Zinsen sinkt die generelle Bereitschaft zur Kreditaufnahme, bei niedrigen steigt sie).
- Festlegung der **Mindestreserve** (das ist der Anteil von Kundengeldern, den eine Bank bei der EZB hinterlegen muss).
- **Offenmarktpolitik** bedeutet, dass die EZB den Banken Wertpapiere ab- oder verkauft, um so die in Umlauf befindliche Geldmenge zu beeinflussen.
- Durch **ständige Fazilitäten** kann der Geldbedarf oder -überschuss der Banken kurzfristig reguliert werden, indem sie sich bei der EZB Geld leihen oder überschüssiges anlegen können.

4 a) Gründe für die **Kostenexplosion im Sozialsystem** sind:
- die schwer in den Griff zu bekommenden Kosten des Gesundheitswesens,
- der Alterungsprozess der Bevölkerung,

- eine sich ausbreitende Armut, die höhere Ausgaben für Sozialhilfe nötig macht,
- die fehlenden Rücklagen für Beamte.

b) Der **Generationenvertrag** besagt, dass die jüngere Generation die Renten der älteren Generation bezahlt. Da es aber sehr viele ältere Menschen gibt, die Anspruch auf Rente haben, und im Verhältnis weitaus weniger junge Menschen, die für diese aufkommen sollen, ist die Umsetzung dieses Vorhabens schwierig. Dieses Missverhältnis wird sich in den kommenden Jahren noch verstärken.

c) **Armut** in Deutschland:
- Von absoluter Armut spricht man, wenn das Einkommen nicht zur Deckung der Grundbedürfnisse ausreicht.
- Relative Armut liegt vor, wenn jemand deutlich unter dem allgemeinen Einkommensniveau liegt (in Deutschland liegt der Prozentsatz bei 60 % des mittleren Einkommens).

Von Armut sind auch in einem „Wohlstandsland" wie Deutschland zahlreiche Menschen betroffen, da sie z. B. aus folgenden Gründen ihren Lebensunterhalt nicht ohne staatliche Unterstützung bestreiten können: Arbeitslosigkeit, Verschuldung, wenig/keine Rente, Berufsunfähigkeit, Arbeitsunfähigkeit, ungeklärter Aufenthaltsstatus, niedrig entlohnte Beschäftigung etc.

d) Vor- und Nachteile von **Mindestlöhnen**:
- Die Befürworter von Mindestlöhnen argumentieren, dass die Menschen von ihrer Arbeit auch leben können müssen.
- Die Gegner sagen, dass sich viele Unternehmen diese Löhne nicht leisten können und ihre Einführung daher zwangsläufig zum Abbau von Arbeitsplätzen führt.

5 a) **Vorteile der EU** für EU-Bürger sind z. B.:
- die Unionsbürgerschaft,
- die einheitliche Währung und der einheitliche Zahlungsverkehr,
- die Beschäftigungsfreiheit,
- die Anerkennung von Ausbildungsabschlüssen,
- der Wegfall von Zöllen,
- der Wegfall von Grenzkontrollen,
- die Vereinheitlichung technischer Standards,
- die Vereinheitlichung verbraucherfreundlicher Regelungen (z. B. Lebensmittelkennzeichnung/-sicherheit, Kosmetik-Zusatzstoffe, Handygebühren, Fluggastrechte).

b) Erfolge der **europäischen Integration**:
- Binnenmarkt: Freiheit im Personen-, Waren-, Arbeits- und Dienstleistungsverkehr und im Kapitalverkehr
- Währungsunion: Wegfall von Kursschwankungen und Umtauschproblemen
- Agrarmarkt: Hilfen für die Landwirtschaft
- Regional- und Strukturpolitik: Hilfen für strukturschwache Regionen

7.6 Finanzierung der staatlichen Aufgaben (Lehrbuch S. 271)

1 a) Obwohl **Steuern** eine Geldleistung sind, bei der der Bürger keinen Anspruch auf Gegenleistung hat, werden damit öffentliche Aufgaben und Maßnahmen finanziert, von denen auch die meisten Bürger einen Vorteil haben.
b) Die **fünf einnahmestärksten Steuern** sind die Umsatzsteuer (Mehrwertsteuer), die Lohnsteuer, die Gewerbesteuer, die Energiesteuer und die Einkommensteuer (vgl. Grafik im Lehrbuch auf S. 260).
c) Diese Steuern machen knapp 80 % der gesamten Steuereinnahmen aus.

2 a) **Steuern** sind nicht zweckgebundene Zwangsabgaben, die keinen Anspruch auf Gegenleistung gewähren.
b) **Zölle** sind Abgaben, die auf Waren im grenzüberschreitenden Verkehr erhoben werden.
c) **Gebühren** sind Zahlungen für öffentliche, individuelle Leistungen. Sie müssen nicht dem Wert der Leistung entsprechen.
d) **Beiträge** sind Zahlungen für öffentliche, kollektive Leistungen. Diese müssen auch bezahlt werden, wenn die Leistung nicht in Anspruch genommen wird.

3 a) • **vertikaler Finanzausgleich**: Von den drei Gebietskörperschaften (Bund, Länder und Gemeinden) werden unterschiedliche Steuern erhoben. Einige sehr ertragreiche Steuern werden unter diesen Gebietskörperschaften aufgeteilt, damit sie ihre jeweiligen Aufgaben besser finanzieren können.
- **horizontaler Finanzausgleich**: Zwecks Herbeiführung „einheitlicher Lebensverhältnisse" im gesamten Bundesgebiet, findet zwischen den Ländern ein Ausgleich statt („reiche" Bundesländer müssen an „ärmere" Bundesländer zahlen).

b) • **Direkte Steuern** werden direkt vom Steuerpflichtigen unter Berücksichtigung seiner Leistungsfähigkeit erhoben.
- **Indirekte Steuern** werden auf den Preis einer Ware oder Dienstleistung aufgeschlagen, sodass jeder sie zahlen muss, der diese erwirbt bzw. in Anspruch nimmt – unabhängig von seiner individuellen Leistungsfähigkeit.

4 Der **Bund** hat folgende öffentliche Aufgaben:
- Regelung der auswärtigen Angelegenheiten,
- Entwicklungshilfe,
- soziale Sicherung,
- Verteidigung,
- Verkehrswesen und Straßenbau,
- Wissenschaft und Forschung,
- Wirtschaftsförderung.

Folgende Aufgaben obliegen den **Ländern**:
- Einrichtung von Hochschulen und Universitäten,
- Gesundheitswesen,
- Jugend/Sport,
- Verkehrswesen und Straßenbau,
- sozialer Wohnungsbau,
- Sozialeinrichtungen,
- öffentliche Sicherung.

Die Aufgaben der **Gemeinden** sind:
- Sozialhilfe und Gesundheitswesen,
- Bau- und Wohnungswesen,
- Schulen,
- Theater, Schwimmbäder u. Ä.,
- Straßenbau,
- öffentliche Einrichtungen.

5 Im Prinzip ist die **Einkommensteuer** eine Jahressteuer, deren genaue Höhe erst nach Ablauf des Jahres festgestellt werden kann (Steuererklärung). Da der Staat aber nicht so lange auf seine Einnahmen warten will, verlangt er Vorauszahlungen, die möglichst genau der zukünftigen Steuer entsprechen sollen:
- Bei **Arbeitnehmern** ist dies die monatliche Lohnsteuer, die der Arbeitgeber je nach Steuerklasse einbehält.
- **Selbstständige** müssen vierteljährliche Vorauszahlungen leisten, deren Höhe sich am Vorjahreseinkommen orientiert.

6 Der **Einkommensteuertarif** ist so aufgebaut (2014):
- Nullzone: Einkommen bis 8.354,00 € sind steuerfrei (Existenzminimum)
- Progressionszone I (8.355,00 €–13.469,00 €): Steuersatz steigt von 14 % auf 24 %
- Progressionszone II (13.470,00 €–52.881,00 €): Steuersatz steigt von 24 % auf 42 %
- Proportionalzone I (52.882,00 €–250.730,00 €): Steuersatz gleichbleibend bei 42 %
- Proportionalzone II (ab 250.731,00 €): Steuersatz gleichbleibend bei 45 %

7 a) • Der **Grundtarif** ist der Tarif, nach dem Ledige besteuert werden.
- Der **Splittingtarif** wird bei Verheirateten angewendet. Er ergibt sich aus dem Grundtarif dadurch, dass die Summe der Einkommen beider Verheirateter halbiert wird und die sich daraus ergebende Steuer nach dem Grundtarif verdoppelt wird. Verheiratete zahlen dadurch wegen der Progression im Steuertarif weniger Steuern als Ledige (wenn sie nicht in etwa gleich viel verdienen).

b) • **Werbungskosten** sind alle Ausgaben, die durch das Arbeitsverhältnis verursacht werden (z. B. Fachliteratur, Fahrt zur Arbeit, Fortbildungskosten).
- **Sonderausgaben** sind Ausgaben der Lebensführung, die aus sozialpolitischen Gründen steuerlich begünstigt werden (z. B. Sozialversicherungsbeiträge, Steuerberatungskosten u. Ä.)
- **Außergewöhnliche Belastungen** sind Aufwendungen der Lebensführung, die ungewöhnlich sind, denen sich der Arbeitnehmer aber nicht entziehen kann (z. B. Behinderung, Unterhaltsleistungen).
- Da fast jeder Steuerpflichtige bestimmte Beträge mehr oder weniger steuerlich geltend machen kann, gewährt das Finanzamt aus Vereinfachungsgründen einen bestimmten **Pauschbetrag**, ohne dass diese Ausgaben nachgewiesen werden müssen (z. B. Sparerpauschbetrag, Kontoführungsgebühren, allgemeine Sonderausgaben).

8 a) Hat ein Steuerpflichtiger mehrere Einkommen oder einen Freibetrag geltend gemacht, so muss er eine **Einkommensteuererklärung** abgeben. Für alle anderen ist eine Steuererklärung freiwillig (genaue Kriterien vgl. Schema im Lehrbuch auf S. 266).

b) Eine **freiwillige Einkommensteuererklärung** kann bei unterschiedlich hohem Arbeitslohn, zeitweiliger Arbeitslosigkeit, einer Änderung der persönlichen Verhältnisse oder höheren Werbungskosten einen finanziellen Vorteil bringen.

9 Das **zu versteuernde Einkommen (zvE)** errechnet sich aus der Summe aller Einkünfte, korrigiert um Sonderausgaben und außergewöhnliche Belastungen sowie ggf. Kinderfreibeträge (vgl. Tabelle im Lehrbuch auf S. 267).

10 a) Die Höhe der Einkommensteuer pro Jahr (inkl. SolZ) wäre 3.954,14 € = 16,5 % Durchschnittssteuersatz.
b) Die Einkommensteuer (inkl. SolZ) wäre dann nur noch 1.278,00 € hoch = 5,3 % Durchschnittssteuersatz.

HOT – Handlungsorientierte Themenbearbeitung Kapitel 7 (Lehrbuch S. 272)

Hinweis für den Lehrer/die Lehrerin: Falls die Erarbeitung nicht im Rahmen eines Interviews durchgeführt werden kann/soll, könnte als Alternative der Auftrag für eine Gruppenarbeit erteilt werden, z. B. Erarbeitung von Pro- und Kontra-Positionen zu einzelnen Themenbereichen, die dann im Plenum diskutiert werden können.

Beispiele für mögliche Stellungnahmen/Positionen könnten sein:

1 Themenbereich: Markt und Wettbewerb

a) **Subventionen** sind hochpolitische Angelegenheiten. Die Vergabe – besonders in Wahlkampfzeiten – ist schnell getan. Die Rücknahme ist immer mit Verdruss bei den Betroffenen verbunden. Hier könnte man mit der „Rasenmäher-Methode" (vgl. Lehrbuch S. 242) ansetzen. Evtl. wäre eine langsame Rückführung der höchsten Subventionen (Verkehr, Wohnungswesen, Landwirtschaft) sinnvoll. Subventionen hemmen tendenziell den notwendigen Strukturwandel.

b) Auf aufgedeckte Verstöße gegen das **Kartellgesetz** müssten drastische Strafen folgen – und nicht nur Bußgelder, die die Firmen aus der „Portokasse" zahlen können. Die betroffenen Firmen sollten ggf. von weiteren öffentlichen Aufträgen ausgeschlossen werden.

c) Großbanken, Versicherungen, Handelsriesen, Chemiekonzerne – regelmäßig wird von neuen spektakulären **Unternehmenszusammenschlüssen** berichtet. Aus Sicht der Unternehmen wird die eigene Wettbewerbsposition dadurch verbessert und es können Kosten eingespart werden. Andererseits hat dies natürlich eine Vernichtung von Arbeitsplätzen zur Folge, was gesamtwirtschaftlich nicht wünschenswert sein kann. Alle Maßnahmen zur Erhaltung von Arbeitsplätzen können hier angesprochen werden. Insbesondere sollten die kartellrechtlichen Möglichkeiten auf Bundes- und Europaebene verstärkt zum Einsatz kommen.

2 Themenbereich: Arbeitsmarkt

a) Auch dies ist ein politisch heiß umstrittenes Thema. Zwar verweisen die Firmenvertreter immer auf die Selbstregulierungskräfte des Marktes und geben feierlich Selbstverpflichtungserklärungen ab, die Wirkung ist aber offensichtlich nicht zufriedenstellend. Eine **generelle Ausbildungsplatzabgabe** würde alle Firmen treffen, ausbildende Firmen könnten unterstützt werden oder es könnten überbetriebliche Ausbildungsstätten eingerichtet werden – gegenüber manchem eher drittklassigen Ausbildungsplatz könnte das ein großer Vorteil sein. Allerdings würde der Bereich der Ausbildung dann staatlicher Kontrolle unterstehen, statt wie zurzeit den Kräften der Deregulierung und Privatisierung.

b) Dies ist kein Widerspruch! **Deutsche Produkte** sind als „Made in Germany" auf dem **Weltmarkt** begehrt und lassen sich gut verkaufen. Diese Qualität kann aber nur mit guten und motivierten Mitarbeitern erreicht werden – dazu gehört nun einmal auch eine **gute Bezahlung und soziale Sicherheit**. Es mag sein, dass es nicht genügend Arbeitsplätze im unteren Lohnniveau gibt; statt Verlagerung der Produktion ins Ausland könnte die Antwort darauf aber auch lauten: Schaffung von Arbeitsplätzen mit höheren Anforderungen.

c) Neue Arbeitsplätze entstehen durch Innovationen (z. B. neue Kommunikationstechniken und neue Technologien). Dazu bedarf es kreativer, gut ausgebildeter junger Menschen, die nicht vom Arbeitsmarkt ferngehalten werden dürfen. Dann ist Deutschland ohne Weiteres **konkurrenzfähig im internationalen Wettbewerb**. Flankierende Maßnahmen der Finanz- (Steuerreform!?), der Sozial- (Rentenreform!?) und der Lohnpolitik (Flexibilisierung!?) sind aber notwendig.

3 Themenbereich: Soziale Sicherheit

a) Hier gibt es ein breites Meinungsspektrum. Einmal wäre es möglich, nach der bereits erwähnten Rasenmäher-Methode alle **sozialen Leistungen** prozentual gleichmäßig zu kürzen. Die Streichung bestimmter Leistungen birgt sicher sehr viel politischen Sprengstoff. Man könnte aber auch Leistungen bündeln und Schwerpunkte setzen. Die Gesamtleistung, die einer Familie zufließt, könnte vom Familieneinkommen abhängig gemacht werden. Die Finanzierungsformen von Renten- und Krankenversicherung müssen überdacht werden.

b) Das Abrechnungssystem der Krankenkassen hält nicht dazu an, im Rahmen des **Gesundheitssystems** Kosten zu sparen. Ggf. müsste ein Selbstbehalt eingeführt werden. Die Krankenhauskosten sind explodiert, hier wäre eine (Teil-)Privatisierung zu überlegen.

4 Themenbereich: Europäische Union/Euro

a) Die Finanz- und Bankenkrise (seit 2008) hat gezeigt, dass die **Stabilität der europäischen Währung** (Euro) durchaus noch auf wackeligen Füßen steht. Die Europäische Zentralbank (EZB) bemüht sich (auch mit Rettungsschirmen) eine langfristige Stabilität zu erreichen.

b) **Freizügigkeit und Niederlassungsfreiheit** führen zwangsläufig zu mehr Wettbewerb, der als „Motor der Wirtschaft" gilt. Insofern besteht die nicht unbegründete Hoffnung auf mehr Arbeitsplätze – aber nicht unbedingt am gewünschten Ort oder in der gewünschten Branche. Von allen Beteiligten des Wirtschaftslebens wird daher mehr Mobilität und berufliche Flexibilität verlangt.

c) Die Prämien für die Einstellung der Tierhaltung, für Flächenstilllegungen und Hofaufgabe haben schon zu einem Rückgang der Überschussberge geführt. Durch die Rückführung bzw. Aufgabe der Preis- und Abnahmegarantien ist eine Entwicklung in Richtung mehr Markt eingeleitet worden. Die **Existenzsicherung landwirtschaftlicher Betriebe** wird für eine Übergangszeit durch erhöhte Einkommenstransfers gesichert.

5 Themenbereich: Staatsfinanzen/Steuern

a) Auch hier gibt es eine große Bandbreite unterschiedlicher Vorstellungen. Bei Politikern beliebt sind die indirekten Steuern, da sie nicht so sehr ins Auge fallen („heimliche Steuern"). Ehrlicher sind aber die direkten Steuern (z. B. Einkommens- und Körperschaftssteuern). Hier könnten in der Tat die Tarife gesenkt werden, wenn im Gegenzug die viel zu vielen Schlupflöcher gestopft würden. Das derzeitige **Steuersystem** ist kompliziert und dadurch u. U. ungerecht.

b) Mit **Ökosteuern** (z. B. Benzinpreis/l = 3,00 €) sollen nicht nur Einnahmen erzielt werden, sondern auch wirtschaftliches Verhalten beeinflusst werden. Das Dilemma dieser Art von Steuern besteht grundsätzlich darin, dass die Steuereinnahmen zurückgehen, sobald die Steuer ihre Wirkung zeigt (dass nämlich z. B. weniger mit dem Auto gefahren wird). Natürlich würden sich ökologische Steuern positiv auf unsere Umwelt auswirken, sie haben aber u. U. auch andere – weniger erwünschte – Effekte; in diesem Fall einen Rückgang von Arbeitsplätzen in der Automobilindustrie.

6 Themenbereich: Umweltproblematik

a) Die Attraktivität dieser „alten" und umweltfreundlicheren Verkehrsmittel im **Gütertransport** muss entscheidend erhöht und/oder der Straßengüterverkehr (mit marktkonformen, notfalls auch mit dirigistischen Mitteln) eingeschränkt werden. Was nationale Entscheidungen bewirken können sieht man am Beispiel der Schweiz, die Gütertransporte oberhalb einer bestimmten Tonnage nur noch per Bahn passieren lassen möchte (Alpentransversale).

b) Die Industrieländer, die sicher zu den größten Umweltsündern zähl(t)en, haben unbestreitbar große Anstrengungen unternommen, die Umweltbelastungen zu reduzieren. Dennoch werden nach wie vor von vielen Staaten die Bedrohungen durch Ozonbelastung, globale Erwärmung etc. heruntergespielt, da sie kaum dazu bereit sind, ihr Wachstum zu drosseln oder in den Erhalt einer lebenswerten Umwelt auch für nachfolgende Generationen zu investieren. Tatsächlich brauchen aber **Ökologie und Ökonomie** keine unüberwindlichen Gegensätze zu sein. Ein wichtiger Grundsatz bei der Gestaltung wirtschaftlicher Prozesse muss die „Nachhaltigkeit" sein, d. h. sparsamer Umgang mit nicht erneuerbaren Rohstoffen und Energien und ausreichende Investitionen in Umwelttechnik und Umweltschutz.

Kapitel 8: Simulation einer Unternehmensgründung

8.1 Unternehmensziele (Lehrbuch S. 276)

1 Durch die **Gewinne** sollen die Arbeitsleistung entlohnt, das eingesetzte Kapital verzinst und das Investitionsrisiko belohnt werden. Je höher der Gewinn ausfällt, desto höher ist der Teil der Wertschöpfung, der dem Eigentümer des Unternehmens als Einkommen bzw. Vermögenssteigerung zufließt.

2 Der Unternehmer sollte einen „**angemessenen Gewinn**" anstreben, um seine Stammkundschaft und seine Arbeitskräfte zu halten. Wenn er eine sofortige Gewinnmaximierung anstrebt, würden niedrige Löhne und hohe Preise den Absatz behindern. Die Kunden wechseln dann zur preisgünstigeren Konkurrenz.
Außerdem sollte der Unternehmer folgende **Ziele** anstreben:
- die Wünsche der Kunden berücksichtigen (Qualität und Attraktivität der Produkte),
- den Mitarbeitern sichere Arbeitsplätze und attraktive Arbeitsbedingungen bieten (z. B. gerechte Entlohnung, Mitbestimmungsrechte, familienfreundliche Arbeitszeiten),
- ein gutes Image für das Unternehmen aufbauen/pflegen (z. B. durch gezielte PR-Maßnahmen, hohe Produktqualität, gutes Preis-Leistungs-Verhältnis, Kundenservice, die Berücksichtigung ökologischer Ziele, soziales Engagement),
- die betrieblichen Abläufe optimal aufeinander abstimmen,
- die Kosten genau beobachten durch Zwischen- und Nachkalkulation jedes Auftrags.

3 Herr Meninger will eine Kostendeckung erreichen, eine stetige Umsatzsteigerung und sichere und attraktive Arbeitsplätze schaffen.

4 a) **Öffentliche Unternehmen** sind **nicht gewinnorientiert**, sie wollen nur kostendeckend arbeiten. Sie sorgen für eine Grundversorgung zur Bedarfsdeckung.
b) Museen, Wasserwerke und Müllentsorgung sind öffentliche Unternehmen.

5 a) Öffentliche Unternehmen/Einrichtungen stellen **Leistungen zur Grundversorgung der Bevölkerung** bereit, unabhängig davon, ob die Kosten ganz oder nur zum Teil gedeckt werden können. Einige öffentliche Unternehmen/Einrichtungen arbeiten aber auch kostendeckend oder erzielen mit den Preisen für ihre Leistungen sogar Gewinne, die zur Verlustdeckung bei anderen öffentlichen Unternehmen/Einrichtungen verwendet werden können.
b) Beispiele zu den einzelnen Leistungsbereichen:
- **Bedarfsdeckung**: z. B. Gas, Wasser, Abwasser
- **Kosten- und Verlustminimierung**: z. B. öffentliche Verkehrsmittel, Theater, Museen
- **Kostendeckung**: z. B. Müllabfuhr, Wasserwerke, öffentliche Bäder, Bibliotheken
- **angemessener Gewinn**: z. B. Wasser- und Energieversorgungsbetriebe

6 a) Die Mitglieder von **Genossenschaften** schließen sich zusammen, um gemeinsam bestimmte wirtschaftliche Ziele besser verfolgen zu können.
b) Man unterscheidet Kreditgenossenschaften, Rohstoffgenossenschaften, Absatzgenossenschaften, Produktivgenossenschaften, Konsumgenossenschaften, Einkaufsgenossenschaften und Baugenossenschaften.

7 An dieser Stelle sollen die Schülerinnen und Schüler jeweils ein ihnen bekanntes Firmenbeispiel für ein erwerbswirtschaftliches Unternehmen, ein öffentliches Unternehmen und eine Genossenschaft nennen. Die genaue Antwort hängt von den Erfahrungen der Schülerinnen und Schüler ab und erfolgt daher individuell.

8.2 Standort und Gründung eines Unternehmens (Lehrbuch S. 282)

1 In einem **Businessplan** müssen Fragen beantwortet werden:
- zur Gründerperson (Qualifikation/Eignung als Unternehmensgründer),
- zur Geschäftsidee (kurz- und langfristige Unternehmensziele),
- zum Angebot (angebotene Produkte/Dienstleistungen),
- zu Markt und Wettbewerb (anvisierte Kundengruppe, Konkurrenzsituation),
- zur Auswahl des Standortes (Standortfaktoren siehe Lehrbuch S. 278),
- zum Marketingkonzept (siehe Lehrbuch S. 302 f.),
- zur Unternehmensorganisation (Übernahme leitender Funktionen, Auswahl der Mitarbeiter),
- zur Wahl der Rechtsform,
- zur Finanzierung,
- zu möglichen Chancen und Risiken.

2
- Mögliche **Anreize** einer Existenzgründung sind: mehr Eigenverantwortung, mehr Unabhängigkeit/Flexibilität, mehr kreative Gestaltungsfreiräume, Erfüllung eines Lebenstraums, höheres Einkommen/Ansehen, Alternative zu Arbeitslosigkeit.
- Mögliche **Risiken** einer Existenzgründung sind: finanzielles Risiko (z. B. ungewisses Einkommen, Überschuldung), Kapitalbeschaffung, kein Kundenstamm, weniger Freizeit.

3 a) Für die **Schreinerei** sind Absatz- und Beschaffungsmöglichkeiten wichtig.
b) Bei einer **Zimmerei** sind Beschaffungsmöglichkeiten und Arbeitskräfte wichtige Standortfaktoren.
c) Bei einem **Friseur** kommt es auf die Absatzmöglichkeiten an.
d) Bei einer **Schuhfabrik** sind die Beschaffungsmöglichkeiten und die Verkehrslage wichtig.
e) Ein **Steinmetzbetrieb** muss auf Beschaffungsmöglichkeiten, Verkehrslage und Arbeitskräfte besonders achten. Stellt er hauptsächlich Grabsteine her, ist der Standort am Friedhof am günstigsten.
f) Ein **Möbelhaus** wird auf Absatzmöglichkeiten und die Kostensituation (wegen der benötigten Ausstellungsfläche) achten.

4 a) **Berufsbezogene Voraussetzungen** für eine Unternehmensgründung sind:
- umfangreiches **Fachwissen** (Gesellenbrief, Meisterbrief, sonstige Bildungsabschlüsse),
- umfangreiches **kaufmännisches und rechtliches Wissen** (Betriebsassistent, Betriebswirt des Handwerks, kaufmännische Ausbildung),
- **Führungseigenschaften** (Motivation, klarer Führungsstil, Planung, Koordination, Kontrolle, Durchsetzungsvermögen). Starke Unternehmerpersönlichkeiten verfügen außerdem über Kontaktfähigkeit, Begeisterungsfähigkeit und die Freude am gewählten Beruf (auch im Hinblick auf die Motivation der Mitarbeiter).
- **persönliche Eigenschaften** (Belastbarkeit, Entscheidungsfreudigkeit, Eigeninitiative, Ausdauer, Selbstdisziplin, gute Gesundheit).

b) **Fachwissen** sowie **kaufmännisches und rechtliches Wissen** werden in Berufsschulen, Meisterschulen, Fachschulen, Berufskollegs, Akademien und Seminaren erworben.
Führungseigenschaften können im Rahmen der Ausbildung durch besondere Seminare und im Rahmen der freien Wirtschaft durch Führungsseminare erlernt oder gestärkt werden.

5 Folgende **staatliche Vorschriften** müssen möglicherweise berücksichtigt werden: Baunutzungsverordnung, Arbeitsstättenverordnung, Gewerbeordnung, Unfallverhütungsvorschriften, Bundesimmissionsschutzgesetz, Kreislaufwirtschaftsgesetz, Gefahrstoffverordnung.

6 Der Existenzgründer muss sich beim Gewerbeamt (inkl. Finanzamt), bei der Handwerkskammer, Industrie- und Handelskammer oder Landwirtschaftskammer, bei der Berufsgenossenschaft, beim Amtsgericht und bei der Krankenkasse **anmelden**.

7 Bund, Länder und EU unterstützen die Existenzgründung mit Zuschüssen, öffentlichen Förderdarlehen und Förderprogrammen.
Förderdarlehen sind zu beantragen bei der nationalen Förderbank KfW (Kreditanstalt für Wiederaufbau), **Bürgschaftsübernahmen** bei den Bürgschaftsbanken. Private Kreditinstitute bieten Kredite, Bürgschaften und Leasing an.
Hinweis für den Lehrer/die Lehrerin: Eine Übersicht über die aktuellen Förderangebote bietet das Bundesinstitut für Wirtschaft und Energie auf www.foerderdatenbank.de.

8 Unter **Franchising** versteht man den Kauf eines fertigen Betriebskonzepts. Der Franchisegeber liefert den Namen, die Marke, das Know-how und das Marketing. Außerdem gewährt er finanzielle Hilfe, Kalkulationshilfe und bildet aus. Der Franchisenehmer zahlt eine Gebühr für das Recht, die Waren oder Dienstleistungen in einem bestimmten Gebiet exklusiv zu verkaufen. Durch Franchising wird die Betriebsgründung einfacher und sicherer. Auf der anderen Seite ist der Franchisenehmer aber auch vom Franchisegeber abhängig.

9 Gründungsberatungen werden u. a. angeboten von:
- Handwerkskammern, Industrie- und Handelskammern, Landwirtschaftskammern,
- Verbänden und Innungen,
- den Agenturen für Arbeit,
- Unternehmensberatern.

Hinweis für den Lehrer/die Lehrerin: Bevor eine kostenpflichtige Unternehmensberatung in Anspruch genommen wird, sollte man sich über mögliche Zuschüsse zu den Beratungskosten informieren. Eine Übersicht über mögliche Berater und Beratungsförderungen gibt es auf: www.existenzgruender.de unter Entscheidung/Beratung.

10 *Umsetzung erfolgt individuell.*

8.3 Wahl der Rechtsform eines Unternehmens (Lehrbuch S. 289)

1 Als **Einzelunternehmer** muss das Kapital vom Inhaber allein aufgebracht werden. Ein Mindestkapital gibt es nicht. Bei einer **GmbH** wird das Kapital (mind. 25.000,00 €) von einer oder mehreren Personen aufgebracht. Der Inhaber des Einzelunternehmens haftet mit seinem Geschäftsvermögen und seinem Privatvermögen, während die Gesellschafter einer GmbH nur mit ihrem Anteil am Stammkapital haften. Der Einzelunternehmer führt seine Geschäfte und vertritt das Unternehmen allein, während die Gesellschafter einer GmbH einen Geschäftsführer auswählen müssen, der das Unternehmen auch vertritt. Der Einzelunternehmer kann entscheiden, was mit dem Gewinn getan wird. Bei der GmbH wird der Reingewinn nach Anteilen auf die Gesellschafter verteilt.

2 a) Die Gründung einer **Gesellschaft bürgerlichen Rechts (GbR)** ist sinnvoll für Kleingewerbetreibende, Praxis- und Arbeitsgemeinschaften (Arge).
b) Eine Fantasiebezeichnung ist möglich, sofern das Kürzel „GbR" oder der Zusatz „Gesellschaft bürgerlichen Rechts" angefügt wird.

3 Die **Komplementäre** sind zur Geschäftsführung und zur Vertretung der Kommanditgesellschaft (KG) berechtigt, sie haften mit ihrem gesamten Geschäfts- und Privatvermögen. **Kommanditisten** haften nur mit ihrer Einlage und sind nicht zur Geschäftsführung berechtigt. Sie haben lediglich eingeschränkte Kontroll-, Informations- und Widerspruchsrechte.

4 a) Der Unterschied zwischen der **Unternehmergesellschaft (haftungsbeschränkt)/„Mini-GmbH"** und der **GmbH** besteht hauptsächlich im Bereich der Kapitalausstattung. Das Stammkapital der Unternehmergesellschaft (haftungsbeschränkt) beträgt nur 1,00 €, wohingegen eine GmbH 25.000,00 € Kapitalausstattung aufbringen muss. In der Folge ergibt sich ein weiterer wichtiger Unterschied im Bereich der Gewinnbeteiligung: Die Unternehmergesellschaft (haftungsbeschränkt) muss, anders als die GmbH, jedes Jahr ein Viertel ihres erwirtschafteten Gewinns zurücklegen. So soll die Höhe des Stammkapitals einer normalen GmbH erreicht werden.

b) Beide Gesellschaften sind aus Sicht der **Haftung** interessant, weil die Inhaber/Gesellschafter nur mit ihrem Anteil haften.

5 a) Der Vorstand leitet die **AG** und steht damit an höchster Stelle. Allerdings wird er durch den unter ihm stehenden Aufsichtsrat für höchstens fünf Jahre „bestellt". Die Hauptversammlung bildet die Basis, hier haben alle Aktionäre ein Stimmrecht entsprechend ihrer Aktienzahl. Die Hauptversammlung wählt, zusammen mit den Arbeitnehmern, den Aufsichtsrat.

b) Aufgaben des **Vorstands**:
- Leitung und Vertretung der AG,
- vierteljährliche Berichterstattung an den Aufsichtsrat,
- Aufstellung des Jahresabschlusses und eines Gewinnverteilungsvorschlags.

Aufgaben des **Aufsichtsrats**:
- Berufung/Abberufung des Vorstands,
- Kontrolle und Überwachung des Vorstands,
- Prüfung und Genehmigung des Jahresabschlusses (inkl. Bericht an die Hauptversammlung),
- Vorschlag über Gewinnverwendung.

Aufgaben der **Hauptversammlung**:
- Wahl des Aufsichtsrats,
- Entlastung des Aufsichtsrats und des Vorstands,
- Beschluss über Gewinnverwendung und Satzungsänderungen,
- Bestellung der Wirtschaftsprüfer für Abschluss- und Sonderprüfungen.

6 *Lösung erfolgt individuell.*

8.4 Finanzierung (Lehrbuch S. 295)

1

Kapitalbedarfsplan	
Investitionen für die Herstellung	€
Grundstücke/Gebäude	
Umbaumaßnahmen	
Zahlung an Vorgänger	
Maschinen, Werkzeuge	
Büroeinrichtung	
Fahrzeuge	
Summe	
Allgemeine Betriebsmittel	
Roh-, Hilfs- und Betriebsstoffe	
sonstige Warenausstattung	
Summe	
Gründungskosten	
Anmeldungen	
Genehmigungen	
Eintragung in das Handelsregister	
Honorare für Beratungen	
Notarhonorar	
Summe	
Markteinführungskosten	
Eröffnung	
Erstwerbung	
Summe	
Liquiditätsreserve für Unvorhergesehenes	
Gesamtkapitalbedarf	

2 Die **goldene Bilanzregel** besagt, dass das Anlagevermögen möglichst mit Eigenkapital finanziert werden sollte. Kann darüber hinaus auch ein Teil des Umlaufvermögens (Rohstoffe, Waren) durch Eigenkapital gedeckt werden, sind sogar die Bedingungen der **goldenen Finanzierungsregel** erfüllt.

3 Langfristige Investitionen sind mit langfristigem Fremdkapital, kurzfristige Investitionen sind mit kurzfristigen Finanzmitteln zu finanzieren.
Bei der Aufnahme von **langfristigem Fremdkapital** ist das Unternehmen lange an Zinszahlungen gebunden, die auch erfolgen müssen, wenn das Geschäft nicht gut läuft.
Bei der Aufnahme von **kurzfristigem Fremdkapital** sind die Zinsen oft sehr hoch.

4 Zur **Innenfinanzierung** zählt insbesondere die Selbstfinanzierung (durch nicht entnommenen Gewinn).
Zur **Außenfinanzierung** gehören die Eigenfinanzierung (Mittelzuführung durch Anteilseigner z. B. durch Erhöhung der Einlagen oder Aufnahme neuer Gesellschafter), die Fremdfinanzierung (z. B. Dispositionskredit, Lieferantenkredit, Kontokorrentkredit, Darlehen) und die Mietfinanzierung (Leasing).

5 Der **Jahreszins** beträgt 77,14 %.
4 Wochen = 28 Tage minus 14 Tage zinsfrei, bleiben 14 Tage zum Zins von 3 %.
Siehe Lehrbuch S. 292:   14 Tage = 3 %
                          360 Tage = x % $x = \frac{360 \text{ Tage} \cdot 3\%}{14 \text{ Tage}}$ = 77,14 % p.a.

6 Folgende Darlehensarten werden unterschieden:
- Ein **Kündigungsdarlehen** wird nach der Kündigung in einer Summe zurückgezahlt.
- Beim **endfälligen Darlehen** wird im Vertrag festgelegt, wann der gesamte Betrag getilgt werden muss.
- Beim **Tilgungsdarlehen** werden gleich hohe Tilgungsraten bezahlt, während die Zinshöhe sich auf das Restdarlehen bezieht. Der Rückzahlungsbetrag nimmt also ab.
- Beim **Annuitätendarlehen** bleibt die Zins- und Tilgungsrate über die gesamte Laufzeit gleich hoch, d. h., dass am Anfang hohe Zinszahlungen und eine niedrige Tilgungsrate zustande kommen, am Ende die Tilgung hoch ist und die Zinszahlungen niedrig sind.

7 a) Beim **Leasing** mietet man Investitionsgüter, die später auf Wunsch als Eigentum erworben werden können. Es handelt sich um einen sogenannten „Mietkauf". Zwischen Hersteller und Leasingnehmer steht entweder eine Leasinggesellschaft (meist eine Tochtergesellschaft einer Bank) als Finanzierungsunternehmer (= indirektes Leasing) oder Hersteller und Leasingnehmer schließen unmittelbar einen Vertrag miteinander ab (= direktes Leasing).
Es werden zwei Finanzierungsformen unterschieden:
- **Vollamortisation**: Das Leasingobjekt wird während der Grundmietzeit vollständig durch den Leasingnehmer finanziert.
- **Teilamortisation**: Die Kosten des Leasingobjekts können nicht durch die Leasingraten gedeckt werden. Nach Ablauf der Grundmietzeit muss sich der Unternehmer entscheiden, ob er den Vertrag verlängern, das Objekt kaufen möchte (Verwertungsrisiko) oder einen neuen Leasingnehmer für das Objekt findet.

b) **Vorteile des Leasings**:
- Da der Unternehmer nur die Leasingrate bezahlen muss, benötigt er keinen Kredit.
- Sofortige Nutzung von Investitionsgütern möglich, ohne dass gleich eine Kaufentscheidung getroffen werden muss.
- Der Unternehmer kann flexibel auf technische Fortschritte reagieren.
- Die angemieteten Investitionsgüter müssen später nicht unbedingt als Eigentum erworben werden.
- Formulierung des Leasingvertrags nach eigenen Vorstellungen möglich.

Nachteile des Leasings:
- Leasing verursacht hohe Kosten auf Seiten des finanzierenden Herstellers oder der finanzierenden Leasinggesellschaft.
- Bei der Teilamortisation decken die Leasingraten nicht die Kosten des Objekts, hier muss der Unternehmer nach Ablauf der Grundmietzeit das Verwertungsrisiko tragen.

- Bei der Teilamortisation besteht die Gefahr, dass die Finanzierungsdauer und die Lebensdauer des Investitionsgutes ggf. nicht übereinstimmen.
- Der Unternehmer ist vertraglich gebunden.

8 a) Es handelt sich um einen **Teilamortisationsvertrag**.

b) Berechnung der **monatlichen Leasingrate**:

Posten	Betrag in €	Erklärung
Auto	21.042,03	Listenpreis gesamt
Sonderzahlung	4.208,40	Vorwegzahlung
Restbetrag	16.833,63	Preis abzüglich Vorwegzahlung
Restwert 55 % vom Listenpreis	11.573,12	theoretischer Wiederverkaufswert nach 3 Jahren
Preis	5.260,51	theoretischer Wertverlust in 3 Jahren
0,763 % indiv. Risikofaktor	160,55	der Listenpreis mal indiv. Faktor ist die Leasingrate
eigentliche monatliche Leasingrate	146,13	eigentliche Leasingrate bezogen auf den Preis in 36 Monaten

c) Beurteilung: Der individuelle und nicht nachvollziehbare Risikofaktor von 0,763 % wird zur Berechnung der Leasingrate herangezogen. Die Berechnung müsste eigentlich zu einer Finanzierung des Betrags von 5.260,51 € in 36 Monaten, also einer Leasingrate von 146,13 € führen. Stattdessen beträgt sie 160,55 € mal 36 Monate = 5.779,80 €, also 519,29 € mehr.

8.5 Betriebliche Kosten (Lehrbuch S. 301)

1 Die **Erfassung aller Kosten und Leistungen** ist wichtig, damit
- der Gewinn oder Verlust errechnet werden kann,
- der Angebotspreis ermittelt werden kann,
- über einen Zusatzauftrag entschieden werden kann,
- im Vergleich zu anderen Betrieben die Kosten kontrolliert werden können.

2 a) Fixe Kosten sind immer gleich hoch und entstehen unabhängig von der Anzahl der produzierten Güter. **Variable Kosten** sind abhängig von der produzierten Menge.

b) Einzelkosten sind Kosten, die direkt für den Erwerb von Material oder für Lohnzahlungen zur Fertigung eines Produkts entstehen. **Gemeinkosten** können einem Auftrag nicht direkt zugerechnet werden, sie entstehen z. B. durch Lagerkosten, Verwaltungsaufwand, Vertriebskosten usw. und werden prozentual den Einzelkosten zugeschlagen.

3 a) bis d)

	Zuschlagssätze	Vorspalte	Hauptspalte
Einzelmaterial + Materialgemeinkosten	20 %	140,00 € 28,00 €	
= Materialkosten			**168,00 €**
Fertigungslöhne + Fertigungsgemeinkosten	180 %	189,00 € 340,20 €	
= Fertigungskosten			**529,20 €**
= Herstellkosten			**697,20 €**
+ Verwaltungsgemeinkosten + Vertriebsgemeinkosten	10 % 5 %		69,72 € 34,86 €
= Selbstkosten			**801,78 €**
+ Gewinnzuschlag	15 %		120,27 €
= Nettoangebotspreis			**922,05 €**
+ Mehrwertsteuer	19 %		175,19 €
= Bruttoangebotspreis			**1.097,24 €**

8.6 Marketing (Lehrbuch S. 312)

1 Unter **Marketing** versteht man die Planung, Koordination und Kontrolle aller auf den Markt und Kunden gerichteten Aktivitäten, um
- den Kunden dauerhaft mit den Leistungen des Unternehmens zufriedenzustellen und
- gleichzeitig die Unternehmensziele (z. B. Gewinn- und Umsatzsteigerung) zu verfolgen.

2 Die Firma MöbelArt muss **Kundengruppen** (Zielgruppen) bilden, um den heterogenen Markt in homogene Segmente aufzuteilen und so auf die Probleme und Wünsche der Kunden besser eingehen zu können.

3 **Qualität** ist kein einheitlich verwendeter Begriff, sondern setzt sich zusammen aus dem Gebrauchsnutzen, der Ausstattung, der Zuverlässigkeit, der Normgerechtigkeit, der Haltbarkeit, der Ästhetik, dem Qualitätsimage und dem Kundendienst. Dabei kommt es nicht auf den „Geschmack" des Unternehmers an, sondern auf die Wünsche der Kunden.

4 Ein **Markenname** ist wichtig, damit sich die Kunden an das Produkt und das Unternehmen erinnern. Das führt zum Wiederkauf des Produkts.

5 a) Der **Preis für ein stark konkurrierendes Produkt** ist abhängig von den Preisen der anderen Hersteller. Ein Abweichen des Preises von der Konkurrenz ist wegen der Vergleichbarkeit der Produkte kaum möglich.
b) Für **einmalige Produkte** (z. B. bei Patenten) können hohe Preise bei hoher Nachfrage erreicht werden.

6 **Werbung** ist eine versuchte Verhaltensbeeinflussung bestimmter, ausgesuchter Personengruppen mithilfe bestimmter Werbemittel.

7 Im Rahmen der **Werbeplanung** wird zuerst die Ausgangssituation analysiert (Unternehmen, Produkte, Kunden, Konkurrenz). Anschließend werden die Werbeziele und die Zielgruppe der geplanten Werbemaßnahme festgelegt und eine entsprechende Werbebotschaft formuliert. Nachdem das Gesamtbudget für die Werbekampagne veranschlagt wurde, wird darüber beraten, welche Werbemittel und Werbeträger eingesetzt werden sollen und wie das Gesamtbudget auf die einzelnen Maßnahmen verteilt werden soll. Anschließend werden die genaue Dauer der Werbemaßnahme und das Werbegebiet festgelegt. Bei der Auswahl der Werbemittel und -träger und der zeitlichen und regionalen Verbreitung der Maßnahme sollte das veranschlagte Gesamtbudget laufend mit berücksichtigt werden. Nach Abschluss der Werbekampagne erfolgt eine Auswertung der Ergebnisse, v. a. auch im Hinblick auf die Planung und den Erfolg zukünftiger Werbeaktionen.

8 *Wird individuell beantwortet, vgl. Lehrbuch Seite 307 f.*

9 Der **Kundenservice** teilt sich auf in Beratung vor dem Kauf, während des Kaufs und nach dem Kauf.

10 Der **Kunde** sollte zunächst angehört und ihm sollte, wenn möglich, nicht widersprochen werden. Das Problem sollte ernst genommen und eine Lösung gesucht werden, die für beide Seiten annehmbar ist.

11 Der Begriff **Corporate Social Responsibility (CSR)** lässt sich mit unternehmerischer Gesellschaftsverantwortung/Sozialverantwortung übersetzen. Das Konzept beschreibt die freiwillige Übernahme von Verantwortung für eine nachhaltige Entwicklung und ein soziales Miteinander durch die Unternehmen. Im Rahmen der CSR fließt die Berücksichtigung von Umwelt- und sozialen Belangen in die eigentliche ökonomische Geschäftstätigkeit der Unternehmer mit ein, ebenso wie in die Wechselbeziehungen zu den Mitarbeitern und zu den Anspruchsgruppen des Unternehmens. Insofern basiert die CSR auf einem umfassenden unternehmerischen Engagement in den drei Bereichen: Ökonomie, Ökologie und Soziales.

12 Das **EU-Öko-Audit** ist ein Umweltschutzzertifikat. Es dient der Kontrolle und Auszeichnung des innerbetrieblichen Umweltschutzes. Durch die Veröffentlichung der Daten soll ein Anreiz zur Verbesserung des Umweltschutzes in den einzelnen Unternehmen gegeben werden.

13 TQM bedeutet **Total Quality Management** und bezeichnet das Streben eines Unternehmens nach Qualitätssicherung und -verbesserung. Wird außerdem noch die Reduzierung von Ausschuss, Ausfallzeit und ineffizienter Arbeit angestrebt, so gibt es hierfür die **DIN EN ISO 9000 ff.** Bei diesem System findet die Überwachung der Qualität prozessbegleitend statt.

HOT – Handlungsorientierte Themenbearbeitung Kapitel 8 (Lehrbuch S. 313)

1 a) Ziele:
- Die Franz Huber Textilien e. K. hat das Ziel der Gewinnmaximierung.
- Die Huber OHG verteilt das Risiko auf zwei Unternehmer.
- Bei der Huber KG ist die Kapitalbedingung gleich wie bei der OHG, das volle Risiko übernimmt aber hier der Komplementär Franz Huber, während Frau Kaiser als Kommanditistin nur mit ihrer Einlage haftet.
- Bei der Markus Huber UG (haftungsbeschränkt) hat Hubers Sohn Markus zu wenig Eigenkapital und möchte die Haftung einschränken.
- Bei der Markus Huber GmbH sind 25.000,00 € Eigenkapital vorhanden, die Haftung soll aber weiterhin nur vom Vermögen der GmbH getragen werden und nicht das Privatvermögen mit einbeziehen.

b) Bei einer **Gründungshilfe** handelt es sich um eine staatliche Förderung mit der Existenzgründer unterstützt werden, damit diese eine Firma gründen können. Zu den Gründungshilfen gehören auch zinsgünstige Darlehen bzw. Kredite, Zuschüsse, öffentliche Förderdarlehen und Förderprogramme, die von der KfW an Existenzgründer gezahlt werden. Das Bundesministerium für Wirtschaft und Energie, die KfW, die örtliche Arbeitsagentur und die Kammern geben Auskunft über alle in Deutschland verfügbaren Fördermöglichkeiten.

c) In einer Textilfirma ist die Arbeit sehr personalintensiv. Deshalb sollte ein **Standort** mit niedrigem Lohnniveau gewählt werden.

d) Die **OHG** hat mindestens zwei geschäftsführende Gesellschafter. Da Herr Kaiser ausfällt und seine Frau als Erbin nicht als Geschäftsführerin einsteigen möchte, kommt nur die Gesellschaftsform der **KG** infrage, d. h. Huber als Komplementär und Frau Kaiser als Kommanditistin.

e) Ein **Bankdarlehen** ist ein Kredit bei einer Bank, der zu banküblichen Zinsen vergeben wird. Die Kredithöhe wird in einem Betrag an den Darlehensnehmer abgegeben. Die Rückzahlung erfolgt entweder am Ende der Laufzeit in einem Gesamtbetrag oder aber in mehreren vorher festgelegten Raten. Ein Bankdarlehen kann entweder kurzfristig, also über den Zeitraum von 6 Monaten, mittelfristig (6 Monate bis 5 Jahre) oder langfristig (über 5 Jahre) vergeben werden.

Leasing ist eine Form der Anmietung von Investitionsgütern für ein Unternehmen, die später als Eigentum erworben werden können, aber nicht müssen.

Hier sollten die Schülerinnen und Schüler eine Bank aufsuchen. Banken haben Computerprogramme, die einen Vergleich der beiden Finanzierungsarten problemlos durchführen können. Der Schüler kann gleichzeitig von seinen Erfahrungen mit der Bank berichten.

f) Kalkulation des **Angebotspreises**:

	Zuschlagssätze	Vorspalte	Hauptspalte
Einzelmaterial + Materialgemeinkosten		2.500,00 €	
	10 %	250,00 €	
= **Materialkosten**			**2.750,00 €**
Fertigungslöhne + Fertigungsgemeinkosten		4.800,00 €	
	210 %	10.080,00 €	
= **Fertigungskosten**			**14.880,00 €**
= **Herstellkosten**			**17.630,00 €**
+ Verwaltung und Vertrieb	12,5 %		2.203,75 €
= **Selbstkosten**			**19.833,75 €**
+ Gewinnzuschlag	20 %		3.966,75 €
= **Nettoangebotspreis**			**23.800,50 €**
+ Mehrwertsteuer	19 %		4.522,10 €
= **Bruttoangebotspreis**			**28.322,60 €**

2 a) Qualität:
- 49,00 €: einfache Qualität, einfache Arbeitshose, begrenzte Lebensdauer
- 99,00 €: höhere Qualität, modische Passform
- 149,00 €: herausragende Qualität, Design, Markenware

Zielgruppe:
- 49,00 €: geeignet für „Billigshops" oder Supermärkte
- 99,00 €: geeignet für Modegeschäfte, Kaufhäuser und „Jeansshops"
- 149,00 €: geeignet für hochpreisige Boutiquen oder Geschäfte/Kaufhäuser, die hochpreisige Markenware anbieten

b) Werbeplanung: Beispiel Jeans für 99,00 €

Bezeichnung	TIP-TOP-Jeans
Situationsanalyse	**Ausgangssituation**: gute Produkte mit guter Qualität, gutes Preis-Leistungs-Verhältnis, zufriedenstellende Kunden-/Markenbindung bei gleichzeitig hoher Konkurrenz mit vergleichbarem Angebot
Werbeziele/ Werbebotschaft	• **Werbeziele**: Information über neues Produkt mit modischer Passform; Bekanntheitsgrad erhöhen/potenziellen Kundenstamm erweitern: 80 % (bisher 50 %) der Zielgruppe sollen diese Information kennen; Imagekampagne • **Zielgruppe**: Modegeschäfte, Kaufhäuser, Jeansshops • **Werbebotschaft**: „Mit TIP-TOP-Jeans voll im Trend!"
Werbebudget	• **Gesamtbudget**: 75.000,00 € für 18 Monate in der Produktgruppe TIP-TOP-Jeans für 99,00 € • **Aufteilung auf Werbearten**: siehe Werbestrategie

Werbestrategie	• **Werbemittel/-träger**: Anzeigen in Modemagazinen, Prospekte, Plakate, Online-Preisausschreiben
	• **Kosten**: Modemagazine: 50.000,00 €
	           Prospekte: 12.500,00 €
	           Plakate: 7.500,00 €
	           Online-Preisausschreiben: 5.000,00 €

Werbezeitraum	• **Beginn**: Datum: 1. April 20.. • **Zeitraum**: 18 Monate nach Werbebeginn
Werbegebiet	**Region**: BRD, Schweiz, Österreich
Werbeerfolgs-kontrolle	• **Art**: Jede Maßnahme muss gesondert ausgewertet werden • **Zeitpunkt**: 18 Monate nach Beginn der Kampagne

c) Bei aufgeklärten Konsumenten spielen die **Nachhaltigkeit** und die **ökologische und soziale Verantwortung** eines Unternehmens bei der Kaufentscheidung sicherlich eine Rolle. Dies gilt wohl aber nur für die höchste und evtl. noch mittlere Preisgruppe. Bei den Käufern der unteren Preisgruppe werden eine nachhaltige Produktion und die Übernahme sozialer Verantwortung wahrscheinlich keine große Rolle spielen, da der Preis dominiert.